かぎ針で編む
ルナヘヴンリィの
小さな花かんむりと
リースのアクセサリー

Lunarheavenly
中里華奈

河出書房新社

Introduction

糸で花を編む。

シンプルなようで奥深い、この世界に夢中になってどれくらいの時が経ったでしょう。
編めば編むほど魅力に気付かされて、夢中でレース針を動かしてきました。
花や葉の形に特別のこだわりを持って試作を重ねていくうちに、たくさんの新しい編み図が増えました。
編み生まれた小さな花たちは、ただそこに在るだけで心を和ませてくれます。
本書はそんな新しい小さな花たちを集めて
「小さな花かんむり」と「リースのアクセサリー」をテーマにまとめた本です。

私に花かんむりのアイデアをくれたのは、着せ替えドールやぬいぐるみたちです。
小さな着せ替えドールやぬいぐるみが大好きで、我が家にも大切にしている子が何人かいます。
その子たちを見ていたら、「レース編みで作った小さなお花たちは、この子たちにぴったりかもしれない」。
そう思いついてかんむりに仕立て、頭にかぶせてあげると、
その瞬間に纏う空気がふわっと優しくなったように感じました。
表情もやわらかくなった気がしたのです。

小さなドールやぬいぐるみをお持ちの方は、ぜひ、本書の中から花かんむりを選んで編んでいただき、
日常の見慣れたものを特別なものにしてくれる、
魔法のような、この瞬間を味わっていただきたいと思います。
そして、ご自身にはぜひお揃いの花でリースのアクセサリーを。
そんなふうに本書を使っていただければ、夢が広がります。
もちろん、ドールやぬいぐるみをお持ちでない方も、
存分に楽しんでいただける渾身の作品集になっています。

本書では、作品写真を撮影するために、編みぐるみのテディベアを新たに編みました。
カメラの前でたっぷりの愛嬌を振りまいてくれて、撮影中に「ルル」という名前もつきました。
「ルル」が、クマの森の四季を楽しみながら、
あなたの大切な子のための花かんむりを選ぶお手伝いをするというストーリー仕立てとなっています。

野の花を摘んで集めるように、
花屋さんでお気に入りの花を選ぶように、
ぜひあなただけの花かんむりとリースのアクセサリーを選んで編んでみてください。

Lunarheavenly
中里華奈

Contents

	作品写真	作り方
シロツメクサの花かんむり	6	26
春の花かんむり	7	24
夏の花かんむり	8	27
秋の実りの花かんむり	9	28
冬の花かんむり	10	29
東欧の花かんむり	11	30
小さな花かんむり	12	31
春の花のリースブローチ	14	32
レモンのブローチ	15	33
ザクロのリースブローチ	16	34
ハーブのブローチ	17	36
ラリエット	18	37
基本の道具		20
基本の材料		21
染め方の基本		22
色見本		23
基本の編み目記号と編み方		38

草花パーツ

クリスマスローズの編み方 ———————————— 40

スノーフレークの編み方 ———————————— 48

雪割一華の編み方 ———————————— 50

バイカオウレンの編み方 ———————————— 52

シロツメクサの編み方 ———————————— 54

タンポポの編み方 ———————————— 56

カタバミの編み方 ———————————— 58

ライラックの編み方 ———————————— 59

ハナカンザシの編み方 ———————————— 60

野ばらの編み方 ———————————— 62

シャクヤクの編み方 ———————————— 64

モンステラの編み方 ———————————— 66

ブーゲンビリアの編み方 ———————————— 68

プルメリアの編み方 ———————————— 69

ブルーポピーの編み方 ———————————— 70

ザクロの編み方 ———————————— 72

レンゲショウマの編み方 ———————————— 74

ヤマモモの編み方 ———————————— 75

ヤドリギの編み方 ———————————— 76

アイビーの編み方 ———————————— 77

レモンの編み方 ———————————— 78

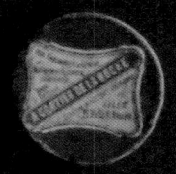

この本の見方

材料について

・本書で紹介している材料は、メーカーや販売店によって名称が異なる場合があります。また、材料に関する情報は2024年10月時点のものです。商品によっては、メーカーの都合で生産中止や廃番になることもありますので、ご了承ください。

草花パーツについて

・草花パーツについては、すべて編み図を掲載し、詳しい手順を紹介しています。基本の編み目記号と編み方については、P.38〜39をご参照ください。

・色番号については、P.23の色見本の番号を記載しています。パーツを着色する際の目安にしてください。

シロツメクサの花かんむり

冬眠から目覚めたクマのもとにお友達
が美味しいハチミツを届けてくれまし
た。おなかが満たされたら、シロツ
メクサの花かんむりでおしゃれをして、
森の春を謳歌します。

サイズ	直径約8cm
使用する花	シロツメクサP.54
作り方	P.26

春の花かんむり

うららかな春の日のティータイム。野ばら、タンポポ、スノーフレーク……、お花畑に咲いたたくさんの花を摘んでまぁるいかんむりにまとめたら、幸せな気持ちでいっぱいになりました。

サイズ	直径約8cm
使用する花	カタバミ P.58、シャクヤク P.64、シロツメクサ P.54、ライラック P.59、スノーフレーク P.48、タンポポ P.56、野ばら P.62
作り方	P.24

夏の花かんむり

冷んやりした森の木陰で読書タイム。
お供にした花かんむりは、ブーゲンビ
リアやプルメリア、モンステラを組み
合わせたちょっと南国風。鮮やかな花
の色合いが夏の日差しに映えます。

サイズ　　　　直径約7cm
使用する花　　プルメリアP.69、ブーゲンビリアP.68、モンステラP.66
作り方　　　　P.27

秋の実りの花かんむり

一年に一度、朝まで歌って過ごす森の
収穫祭。その花かんむりは、真っ赤に
熟したザクロや紫色の野ばらの実や花
を主役に。今年の実りに感謝の気持ち
をたっぷり込めて。

サイズ　　　直径約6cm
使用する花　ザクロP.72、ヤマモモP.75、野ばら（実）P.62
作り方　　　P.28

冬の花かんむり

森に初雪が降りました。クリスマスの
準備のために町であれこれお買い物。
クリスマスローズとヤドリギの花かん
むりはハチミツを贈ってくれたお友達
へのお礼です。

サイズ 　　　直径約6cm
使用する花　クリスマスローズP.40、ヤドリギP.76
作り方　　　P.29

東欧の花かんむり

いとこから届いた小包の中には森では
見ないブルーポピーの花が入っていま
した。ザクロの花、クリスマスローズと
ともに花かんむりに。民族衣装を思わ
せるエキゾチックなカラーが新鮮です。

サイズ　　　直径約7cm
使用する花　クリスマスローズP.40、ブルーポピー P.70、ザクロP.72、野ばら（葉）P.62
作り方　　　P.30

小さな花かんむり

冬眠までは暖かいお部屋で編み物を
して過ごします。シロツメクサやライ
ラック、タンポポなどの小さなかんむ
りを頭にのせて、すぐそこまで来てい
る新しい春に思いを馳せます。

サイズ　　　直径約4.5cm
使用する花　ライラックP.59、シロツメクサ（花・上と中心、葉・ミニ）P.54、31、タンポポ（花・上）P.56、野ばら（つぼみ）P.62
作り方　　　P.31

花かんむりの大きさをイメージしてい
ただくために、頭周りの直径 約5cm、
座っているときの身長 約15cmのオリジ
ナルテディベアと一緒に撮影しました。
花かんむりはお手持ちの着せ替えドー
ルにも合わせていただけるサイズです。
花や葉のパーツは、次のページから紹
介するアクセサリーにアレンジすること
もできます。

春の花のリースブローチ

市販のリングパーツを芯にして、春
の花たちを糸で巻いて組み立ててい
ます。キレイな円の形に仕上がるので、
フォーマルなお洋服にも合います。

サイズ　　　直径約4cm
使用する花　スノーフレークP.48、タンポポ（花・上、葉）P.56、雪割一華P.50、野ばら（実、葉）P.62、
　　　　　　シロツメクサ（花・上と中心、葉・ミニ）P.54、31、アイビー P.77
作り方　　　P.32

レモンのブローチ

コロンと丸いレモンの実を主役に、同じレモンの花と葉で愛らしいブローチにまとめました。身に着けているだけでビタミンチャージができそうです。

サイズ	直径約3.5cm
使用する花	レモンP.78
作り方	P.33

ザクロのリースブローチ

潔くザクロ一種類でまとめたリースブ
ローチ。深い赤色、独特の形の実の中
にキラキラと輝く赤いビーズがパッと
目を引くので、シンプルながらも気品
と存在感があります。

サイズ　　　直径約4.5cm
使用する花　ザクロP.72
作り方　　　P.34

ハーブのブローチ

7種類の個性的な形の葉だけでまとめ
たさわやかなブローチです。雪割一華
の葉の先がほんのり赤く色づいている
ところがポイントです。

サイズ　　　直径約4.5cm
使用する花　ヤドリギP.76、クリスマスローズP.46、雪割一華（大、小）P.50、バイカオウレンP.52、シロツメクサP.54 、
　　　　　　カタバミP.58、アイビー P.77
作り方　　　P.36

ラリエット

40cmほどのくさり編みのコードを二
つ折りにして、ループをつけた花や葉
を通しています。好きなように動かせ
る仕様で、花数も自由です。ブレス
レットにしても素敵です。

サイズ　　　　二つ折りの状態で約20cm
使用する花　　雪割一華P.50、野ばらP.62、バイカオウレンP.52、レンゲショウマP.74、ハナカンザシP.60、
　　　　　　　ライラックP.59、アイビー P.77
作り方　　　　P.37

作りたいものは見つかりましたか？

次のページからは具体的な編み方、組み立て方をご紹介していきます。

基本の道具

作品作りに必要な道具です。作品に合わせて少しづつ揃えてみてください。

① パレット

水彩画用など、使いやすいものを。

② 絵筆

0号を使います。

③ 小皿、スポイト

染める際に、水を入れて使います。

④ ハサミ

糸やワイヤーを切るのに使います。

⑤ コテ台、キッチンペーパー

花に丸みをつけたいときに、粘土用ツールと一緒に使います。キッチンペーパーは、染めるときに水気を取るのに使用。

⑥ 粘土用ツール

花びらなどに押し当てて、丸みをつける際に使います。さまざまな大きさがあるので、仕上げたい大きさに合わせて使い分けます。

⑦ 定規

ワイヤーの長さを測る際などに使います。30cmの長さがあれば十分です。

⑧ レース針

no.14、no.15を使います。同じ糸でも細い針で編むと小さく編み上がります。

⑨ 目打ち

編み目にレース針が入らないときなどに、編み目に差して目を広げます。

⑩ ピンセット

編んだ花の形を整える際に使います。

⑪ 縫い針、糸通し

編み上がったパーツの糸始末などに使います。針は細いものがよいでしょう。

⑫ ニッパー、ヤットコ

ニッパーは太めのワイヤーを切る際に、ヤットコは金具をつける際に使います。

基本の材料

作品作りに使用する材料です。花かんむりを作るか、アクセサリーを作るかの用途によっても変わってきます。

① レース糸

DMCコルドネスペシャル#80:B5200（漂白したような白・上）、BLANC（自然な白・下）。好みで使い分けるとよいでしょう。

② 刺繍糸

ワイヤーに巻いて茎を作るときに使います。

③ ビーズ、ガラスブリオン

ビーズは編み込んで実に使います。ガラスブリオンは花芯に使います。

④ アクリル絵の具

おしべを作る際に、色づけに使います。

⑤ 油性マーカー（コピック）

ガラスブリオンを色づけする際に使います。

⑥ 接着剤

レース糸をワイヤーに巻くときなどに使います。

⑦ メタルリング

リースブローチを作る際に、芯に使います。

⑧ 丸カン

花パーツと金具をつなぐ際に使います。

⑨ ブローチピン、タックピン金具

リースブローチに使います。

⑩ リボン

花かんむりの後ろにつけて、リボン結びをして使います。

⑪ 両面テープ

リースブローチを作る際に使います。

⑫ 地巻きワイヤー

#35、#33、#26など。番号が大きくなるほど細くなります。本書では#35をメインに使いますが、好みで使い分けるとよいでしょう。

⑬ 色止め液

オリムパスの「染-marche」カラーフィットを使います。染めた後、色止め液に浸すことで色落ちを防げます。水で40倍に薄めて使います。

⑭ 染料

オリムパスの「染-marche」を使います。編んだ花や葉を染めます。

⑮ 硬化スプレー

ネオルシール。花や葉を染めた後、形を整えてスプレーします。型崩れ防止になります。

染め方の基本

花や葉のパーツを編んでから着色します。配合する染料や水分量によって色の調整は自由にできるので、お好みの色に染めてもよいでしょう。

使用する染料と色止め液／「染-marche」 ※色止め液は水で40倍に薄めて使います。

1 編んだパーツを水通しして、ペーパータオルなどで水気を取り、形を整えます。

2 染料を水で薄め、色を作ります。複数の色を混ぜる場合は、1色ずつ水で薄めてから混ぜ合わせます。

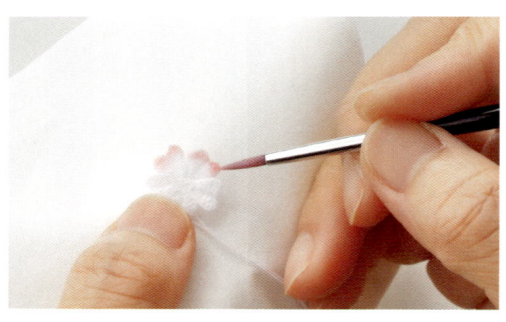 →

3 染めます。パーツは濡れているので、外側に少しつけるだけで、自然なグラデーションになります。

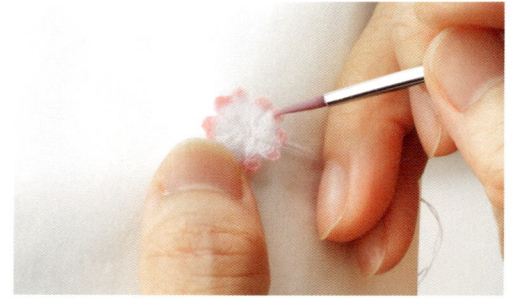

4 染め終わったら、薄めた色止め液に浸します。または色止め液をスポイトや筆に取って染み込ませます。

5 乾いたら、形を整えて硬化スプレーをかけます。

Point

染料は混ぜる量、水の量で色を調整しましょう。染料を混ぜて無制限に色が作れるので、見本（P23）にない色を作っても可。くすんだ色を作りたい場合は、マットブラックを少量混ぜます。

色見本

作品に使用する18色の配色番号と色名、染料名です。染料を2種類以上混ぜているものは、染料の多いほうを先に記しています。

① 黄色
ムーンイエロー

② 橙
ムーンイエロー／ビートレッド

③ コーラルピンク
チェリーレッド

④ ピンク
チェリーレッド

⑤ 赤
ビートレッド

⑥ 濃赤
ワインレッド

⑦ 赤紫
ライトパープル／ダークバイオレット

⑧ 紫
ダークバイオレット

⑨ 青紫
ダークバイオレット／ロイヤルブルー

⑩ 青
ロイヤルブルー

⑪ 水色
アクアブルー

⑫ 黄緑
モスグリーン／ムーンイエロー

⑬ 緑
モスグリーン

⑭ 青緑
フォレストグリーン／ロイヤルブルー

⑮ オリーブグリーン
モスグリーン／ビートレッド／ムーンイエロー

⑯ ベージュ
ビートレッド／ムーンイエロー／マットブラック

⑰ 茶色
モスグリーン／ビートレッド／ムーンイエロー

⑱ 黒
マットブラック

春の花かんむりの作り方

口絵　P.7
サイズ　直径約8cm

材料

リボン4mm幅　50cmカット　2本
ワイヤー#26　2本

カタバミ　P.58
　a 花　2個
　b 葉　2個
シャクヤク　p.64
　c 花　1個
　d つぼみ　1個
　e 葉　1個
シロツメクサ　P.54
　f 花　3個
　g 葉 三つ葉　2個
　h 葉 四つ葉　1個
ライラック　P.59
　i 花　4個
　j つぼみ　6個
スノーフレーク　P.48
　k 花　3個
　l 苞　1個
タンポポ　P.56
　m 花　2個
　n 葉　2個
野ばら　P.62
　o 花　2個
　p 葉　6個
　q つぼみ　1個

作り方

※詳しい組み立て方はP.25参照。実際に作りたいサイズに合わせて、花や葉の数を調整する。頭囲に合わせながら、ちょうどのサイズより少し短めになるように花を組み立てて、リボンで長さを調整するとよい。

1. ワイヤー#26を2本揃えて、接着剤をつけて3cmほど糸で巻く。

2. ループを作るようにワイヤーを曲げる。

3. 巻き終わりを合わせて糸で巻く。

4. 花と葉は、着色、色止め、硬化スプレーまでしておく。ワイヤーを通して根元に1cm前後糸を巻いておく。

5. 糸の巻き終わりを合わせて、花や葉が少しずつ重なるようにバランスよくつけていく。全体的に丸みをつけて、完成形をイメージしながら組み立てていく。

6. 最後の葉をつけたら、2と同じようにループを作って糸で巻く。

7. 巻き終わりの糸を縫い針に通して、糸を巻いたところに通して糸を切る。

8. 巻いた糸を着色、色止めし、硬化スプレーをかける。

9. ループ2か所にリボンを通す。

春の花かんむり　組み立て方

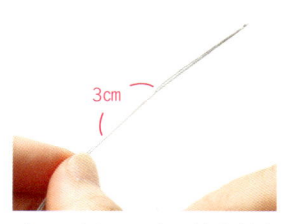

① ワイヤー 2 本に接着剤を 3cm 分つけて糸を 3cm ほど巻く。

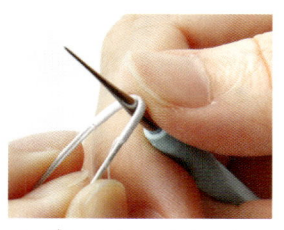

② ①の中心に目打ちを当て、二つ折りにする。

③ ワイヤーが4本合わさったところに接着剤をつけて糸を 1.5cm ほど巻く。

④ 糸の巻き終わりの位置に葉を合わせ、接着剤をつけて糸を巻く。

⑤ 次の花をバランスを見ながら合わせる。糸1本で巻いていき、その他の糸とワイヤーは、束ねて中に巻き込む。

⑥ 茎が太くなりすぎないように、短くなった糸、ワイヤーを切る。

⑦ バランスを見ながら花を合わせていく。

⑧ 花をつけ終わった端も、目打ちを当ててワイヤーを二つ折りにする。

⑨ 余分なワイヤーを切る。

⑩ 二つ折りにしたワイヤーの根元に糸を巻く。

⑪ 縫い針に巻き終わりの糸を通し、巻いた中に通す。

⑫ 余分な糸を切る。

⑬ 全体にバランスよく配置する。

⑭ 表側も裏側も巻いた糸を着色する。その後、色止め液を塗り、硬化スプレーをかける。

⑮ ワイヤーの輪に二つ折りにしたリボンを通して結ぶ。

⑯ もう一方の端にもリボンをつける。

シロツメクサの花かんむりの作り方

口絵　P.6
サイズ　直径約8cm

材料

リボン6mm幅　50cmカット　2本
ワイヤー#26　2本

シロツメクサ　P.54
　a　花　7個
　b　三つ葉 小　6個
　c　四つ葉 小　1個
　d　三つ葉 大　3個

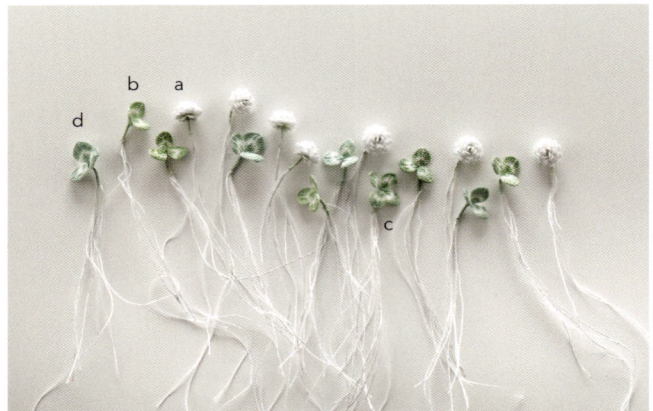

作り方

1. ワイヤー#26を2本揃えて、接着剤をつけて3cmほど糸で巻く。

2. ループを作るようにワイヤーを曲げる。

3. 巻き終わりを合わせて糸で巻く。

4. 花と葉は、着色、色止め、硬化スプレーまでしておく。ワイヤーを通して根元に1cm前後糸を巻いておく。

5. 糸の巻き終わりを合わせて、花や葉が少しずつ重なるようにバランスよくつけていく。花は2〜3個ずつまとめ、3か所くらいに散らす。全体的に丸みをつけて、完成形をイメージしながら組み立てていく。

6. 最後の葉をつけたら、2と同じようにループを作って糸で巻く。

7. 巻き終わりの糸を縫い針に通して、糸を巻いたところに通して糸を切る。

8. 巻いた糸を着色、色止めし、硬化スプレーをかける。

9. ループ2か所にリボンを通す。

夏の花かんむりの作り方

口絵　P.8
サイズ　直径約7cm

材料

リボン5mm幅　50cmカット　2本
ワイヤー#26　2本

プルメリア　P.69
　a　花　6個
ブーゲンビリア　P.68
　b　花　3個
　c　葉　3個
モンステラ　P.66
　d　大　3個
　e　小　3個

作り方

1　ワイヤー#26を2本揃えて、接着剤をつけて3cmほど糸で巻く。

2　ループを作るようにワイヤーを曲げる。

3　巻き終わりを合わせて糸で巻く。

4　花と葉は、着色、色止め、硬化スプレーまでしておく。ワイヤーを通して根元に1cm前後糸を巻いておく。

5　糸の巻き終わりを合わせて、花や葉が少しずつ重なるようにバランスよくつけていく。プルメリアは同じ色を続けて、間にモンステラを入れていくと、まとまりのある仕上がりになる。全体的に丸みをつけて、完成形をイメージしながら組み立てていく。

6　最後の葉をつけたら、2と同じようにループを作って糸で巻く。

7　巻き終わりの糸を縫い針に通して、糸を巻いたところに通して糸を切る。

8　巻いた糸を着色、色止めし、硬化スプレーをかける。

9　ループ2か所にリボンを通す。

秋の実りの花かんむりの作り方

口絵　P.9
サイズ　直径約6cm

材料

リボン3mm幅　50cmカット　2本
ワイヤー＃26　2本

ザクロ　P.72
 a　閉じた実　2個
 b　割れた実　1個
 c　花　6個
 d　葉大　6個
 e　葉小　8個
ヤマモモ　P.75
 f　実　5個
 g　葉　6個
野ばら　P.62
 h　実　11個(色番号8)

作り方

①　ワイヤー #26を2本揃えて、接着剤をつけて3cmほど糸で巻く。

②　ループを作るようにワイヤーを曲げる。

③　巻き終わりを合わせて糸で巻く。

④　花と葉は、着色、色止め、硬化スプレーまでしておく。ワイヤーを通して根元に1cm前後糸を巻いておく。

⑤　糸の巻き終わりを合わせて、花や葉が少しずつ重なるようにバランスよくつけていく。ヤマモモの実と野ばらの実はそれぞれまとめて、ザクロの花は数個まとめて入れていく。似た色が続かないように間に葉を入れるとバランスよく仕上がる。
ポイントにしたいザクロの割れた実を、正面より少し右にくるように入れる。
全体的に丸みをつけて、完成形をイメージしながら組み立てていく。

⑥　最後の葉をつけたら、②と同じようにループを作って糸で巻く。

⑦　巻き終わりの糸を縫い針に通して、糸を巻いたところに通して糸を切る。

⑧　巻いた糸を着色、色止めし、硬化スプレーをかける。

⑨　ループ2か所にリボンを通す。

冬の花かんむりの作り方

口絵　P.10
サイズ　直径約6cm

材料

リボン12mm幅　50cmカット　2本
ワイヤー＃26　2本

クリスマスローズ　P.40
　　a　花　5個
　　b　つぼみ　3個
　　c　葉　8個
ヤドリギ　P.76
　　d　葉・実　各12個

作り方

1　ワイヤー #26を2本揃えて、接着剤をつけて3cmほど糸で巻く。

2　ループを作るようにワイヤーを曲げる。

3　巻き終わりを合わせて糸で巻く。

4　花と葉は、着色、色止め、硬化スプレーまでしておく。ワイヤーを通して根元に1cm前後糸を巻いておく。

5　糸の巻き終わりを合わせて、花や葉が少しずつ重なるようにバランスよくつけていく。同じ色の花はまとめて入れて、間に葉を入れる。つぼみは下を向くように合わせると、うつむくように花をつけるとクリスマスローズの姿を表現できる。全体的に丸みをつけて、完成形をイメージしながら組み立てていく。

6　最後の葉をつけたら、2と同じようにループを作って糸で巻く。

7　巻き終わりの糸を縫い針に通して、糸を巻いたところに通して糸を切る。

8　巻いた糸を着色、色止めし、硬化スプレーをかける。

9　ループ2か所にリボンを通す。

東欧の花かんむりの作り方

口絵　　P.11
サイズ　　直径約7cm

材料

リボン2mm幅　50cmカット　4本
ワイヤー＃26　2本

クリスマスローズ　P.40
　a　花　3個（色番号5）
　b　葉　3個
ブルーポピー　P.70
　c　花　4個
　d　つぼみ　1個
ザクロ　P.72
　e　花　6個（色番号5・11）
野ばら　P.62
　f　葉　15個

作り方

① ワイヤー #26を2本揃えて、接着剤をつけて3cmほど糸で巻く。

② ループを作るようにワイヤーを曲げる。

③ 巻き終わりを合わせて糸で巻く。

④ 花と葉は、着色、色止め、硬化スプレーまでしておく。ワイヤーを通して根元に1cm前後糸を巻いておく。

⑤ 糸の巻き終わりを合わせて、花や葉が少しずつ重なるようにバランスよくつけていく。民族衣装をイメージして、ザクロの花は水色や赤など鮮やかな色に着色。自然の花の色にとらわれず、自由な発想で色の組み合わせも楽しむとよい。
同じ色の花はまとめて、間に葉を入れながら組み立てる。
全体的に丸みをつけて、完成形をイメージしながら組み立てていく。

⑥ 最後の葉をつけたら、②と同じようにループを作って糸で巻く。

⑦ 巻き終わりの糸を縫い針に通して、糸を巻いたところに通して糸を切る。

⑧ 巻いた糸を着色、色止めし、硬化スプレーをかける。

⑨ ループ2か所にリボンを2本ずつ通す。

小さな花かんむりの作り方

口絵　P.12
サイズ　直径約4.5cm

材料

リボン3mm幅　50cmカット　2本
ワイヤー#26　2本

ライラック　P.59
　a　葉　5個
　b　花　6個
シロツメクサ　P.54
　c　三つ葉ミニ　4個
　d　四つ葉ミニ　1個
　e　花（上パーツ+中心パーツのみ）　2個
タンポポ　P.56
　f　花（上パーツのみ）　1個
野ばら　P.62
　g　つぼみ　1個

作り方

① ワイヤー #26を2本揃えて、接着剤をつけて3cmほど糸で巻く。

② ループを作るようにワイヤーを曲げる。

③ 巻き終わりを合わせて糸で巻く。

④ 花と葉は、着色、色止め、硬化スプレーまでしておく。ワイヤーを通して根元に1cm前後糸を巻いておく。

⑤ 糸の巻き終わりを合わせて、花や葉が少しずつ重なるようにバランスよくつけていく。ごく小さな人形やぬいぐるみの頭の大きさに合うように、間があきすぎないように花と葉を組み合わせていく。全体的に丸みをつけて、完成形をイメージしながら組み立てていく。

⑥ 最後の葉をつけたら、②と同じようにループを作って糸で巻く。

⑦ 巻き終わりの糸を縫い針に通して、糸を巻いたところに通して糸を切る。

⑧ 巻いた糸を着色、色止めし、硬化スプレーをかける。

⑨ ループ2か所にリボンを通す。

三つ葉（ミニ）

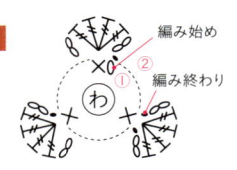

四つ葉（ミニ）

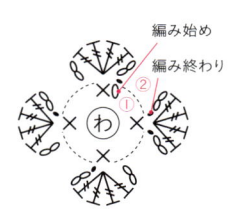

春の花のリースブローチの作り方

口絵　　P.14
サイズ　直径約4cm

材料

リングパーツ直径40mm　1個
タックピン金具、丸カン5mm　各1個
ワイヤー#26　5cm2本

スノーフレーク　P.48
　a　花　3個
　b　苞　1個
　c　葉　2個
タンポポ　P.56
　d　花（上のみ）1個
　e　葉　1個
雪割一華　P.50
　f　花　1個
野ばら　P.62
　g　葉　3個
　h　実　11個（色番号4）
シロツメクサ　P.54
　i　花（上パーツと中心パーツのみ）　2個
　j　三つ葉ミニ　3個
　k　四つ葉ミニ　1個
アイビー　P.77
　l　小　3個（色番号4）

作り方　　リングパーツを準備する

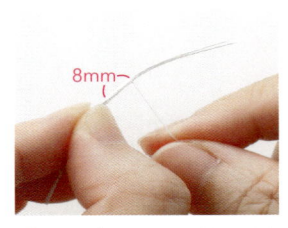

1 5cmくらいのワイヤー2本を重ね、真ん中8mmくらいに、接着剤をつけて糸を巻く。

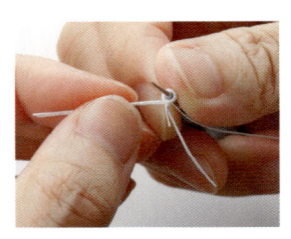

2 目打ちを当てて丸くする。丸カンを通す輪になる。糸を切る。

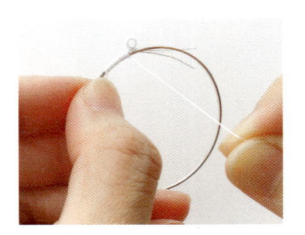

3 2をリングの裏に合わせて、接着剤をつけて糸を巻いていく。

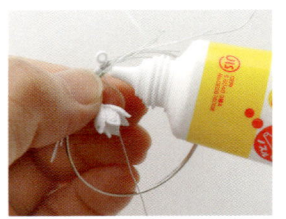

4 花を合わせて接着剤をつけながら糸で巻く。

リースブローチを組み立てる

5 2で作った輪にも糸を通す。

6 花についている糸とワイヤーは短く切りながら、巻いている糸で巻いていく。

7 バランスを見ながら花と葉をつけ、巻いている糸が短くなったら、新しい糸で巻く。

8 全部の花と葉をつけ終わったところ。

9 巻き終わりの糸は縫い針に通し、巻いた糸の中に通して糸始末する。

10 巻いた糸を着色し、色止め液を塗る。

11 糸を巻いたワイヤー全体に硬化スプレーをかける。

12 ヤットコで丸カンを開き、2の輪に通してタックピンをかけ、丸カンを閉じる。

レモンのブローチの作り方

口絵　　P.15
サイズ　直径約3.5cm

材料

リングパーツ直径30mm　1個
タックピン金具、丸カン5mm　各1個
ワイヤー#26　5cm2本

レモン　P.78
　a　実大　3個
　b　実小　1個
　c　花　5個
　d　葉小　4個
　e　葉大　7個

作り方

春の花のリースブローチを参考に、リングパーツに実などをバランスを見ながら合わせて、糸で巻いていく。実と花が連続しないように、間に葉を入れて組み立てていく。リースの上部はあけておいて抜け感を出すと、レモンのさわやかさも表現できる。

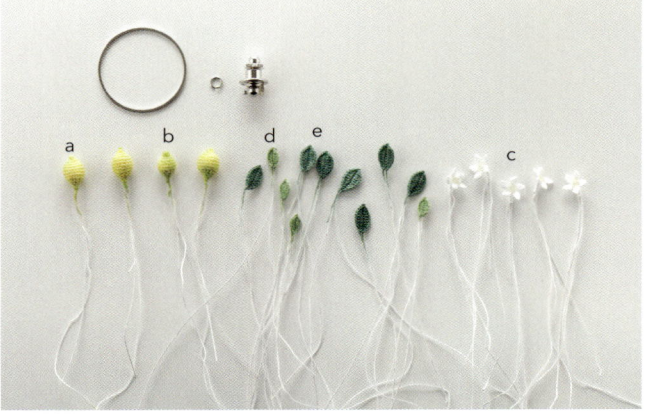

ザクロのリースブローチの作り方

口絵　　p.16
サイズ　直径約4.5cm

材料

ブローチ金具20mm　1個
ワイヤー＃26　2本

ザクロ　P.72
　a　閉じた実　1個
　b　割れた実　1個
　c　花　2個
　d　葉小　6個
　e　葉大　6個

作り方

ワイヤー#26を2本揃えて芯にして、糸で巻いていく。

① 枝の節を作る

Point
節の頭1〜2mmには糸は巻かず、1.5cmくらい糸を巻いたら、次の節を合わせる。

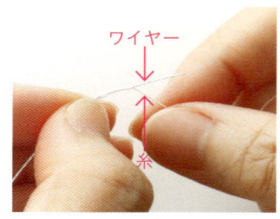

①　先に節を作る。5cmくらいのワイヤーに接着剤をつけて糸を巻く。

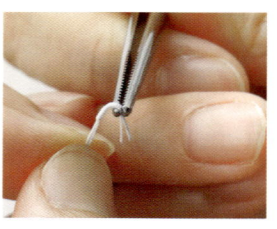

②　2cmくらい巻いたら、真ん中より少しずらしたところで二つ折りにする。

③　7個くらい作る。

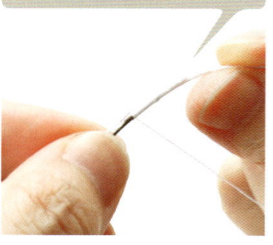

④　ワイヤー＃26を2本束ねて糸を巻いていく。途中に節を入れながら18cmほどのところまで巻く。

② リースブローチに組み立てる

① 18cm巻いたワイヤーの巻き終わりに葉を合わせる。

② 接着剤をつけ糸を巻く。

③ 葉→実→葉とバランスよく合わせて糸を巻いていく。余分な糸やワイヤーは切る。

④ 割れた実、花を合わせ、糸を巻いていく。

⑤ 最後の葉を合わせたら、糸を1.5cmくらい巻く。

⑥ ワイヤーを二重に重ねる。

⑦ ⑤の巻き終わりからプラス1cmくらいのところで、ワイヤーを切る。

⑧ 2本のワイヤーを合わせて両面テープでとめる。

⑨ ブローチピンをつける。

⑩ ブローチピンとワイヤーをひとまとめにして両面テープを巻く。

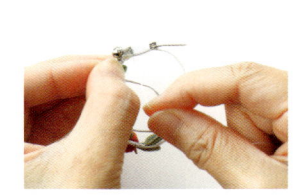

⑪ 両面テープの上に糸を巻く。

⑫ すき間なく糸を巻いたら、巻き終わりの糸を縫い針に通して、巻いた中に通す。

⑬ 余分な糸を切る。

⑭ 巻いた糸を着色をした後、色止め液を塗る。

⑮ 糸を巻いたワイヤー全体に硬化スプレーをかける。

⑯ でき上がり。

ハーブのブローチの作り方

口絵　　　P.17
サイズ　　直径約4.5cm

材料

ブローチ金具20mm　1個
ワイヤー#26　2本

ヤドリギ　p.76
　a　葉・実　4個
クリスマスローズ　P.46
　b　葉　3個
雪割一華　P.50
　c　葉小　1個
　d　葉大　1個
バイカオウレン　P.52
　e　葉　1個
シロツメクサ　P.54
　f　三つ葉　3個
カタバミ　P.58
　g　葉　1個
アイビー　P.77
　h　大2個
　i　小3個

作り方　　※［ザクロのリースブローチ］を参照。→P.34

1. ワイヤー#26を芯にして、ヤドリギから組み立てていく。

2. バランスを見ながら葉を合わせて糸で巻いていく。個性的な葉の形それぞれが際立つように、同じ種類をまとめて入れていくとよい。
　ボリュームのある大きめの葉はリースの下の方に、ヤドリギ、アイビー（小）など小さめの葉は上の方に配置するとバランスよく仕上がる。

3. すべての葉を入れ終えたら、もう1周できる長さまでワイヤーに糸を巻いて、リースの形に丸く整える。

4. ブローチピンをつける。

5. 巻いた糸を着色して色止め液を塗り、硬化スプレーをかける。

ラリエットの作り方

口絵　　P.18
サイズ　二つ折りの状態で約20cm

材料

雪割一華　P.50
　a　花　2個
　b　葉小　1個
野ばら　P.62
　c　花　1個
バイカオウレン　P.52
　d　花　1個
レンゲショウマ　P.74
　e　花1個
　f　葉1個
ハナカンザシ　P.60
　g　花　1個
ライラック　P.59
　h　花　3個
アイビー　P.77
　i　葉　2個

作り方

1. 両端に葉のついたコードを編む。葉を編んだら、続けてくさりを好みの長さになるまで編む（二つ折りにするため、作りたい長さの倍にする）端でもう1つ葉を編む。

2. ①を色番号12、13で着色、色止めする。コードを硬めに仕上げたい場合は硬化スプレーをかける。

3. 花と葉のパーツを作り、着色、色止めし、硬化スプレーをかける。それぞれループを作っておく。花には裏に、葉には根元にループを作る。

4. ②で作ったコードを二つ折りにして、折ったところから花と葉のパーツのループを通す。

コード

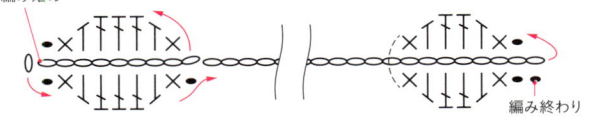

くさり：好みの長さになるまで編む

花パーツの裏でループを作る

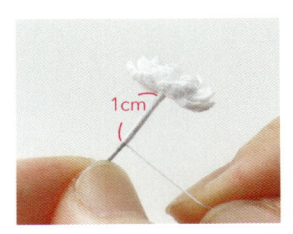

1. 花を編み、着色し、真ん中にワイヤーを通した後、始めの糸は切って、編み終わりの糸を接着剤で花の根元に1cmほど巻く。

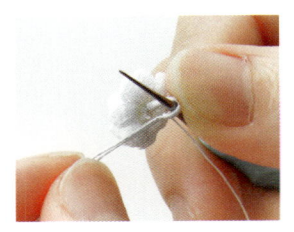

2. 糸を巻いた根元に目打ちを当てて、半分に折る。

3. 二つ折りにした長さでワイヤーを切り、ピンセットで押さえてループの形に整える。

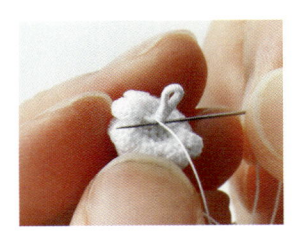

4. 根元に接着剤をつけて糸を巻いたら、巻き終わりの糸を縫い針に通して巻いた中を通して糸始末をする。

基本の編み目記号と編み方

作品を編むときに必要になる編み目記号とその編み方です。

╳ ＝こま編み

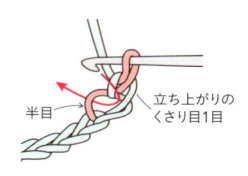

半目　立ち上がりのくさり目1目

① 立ち上がりのくさり目を1目編む。※この目は目数に数えない。

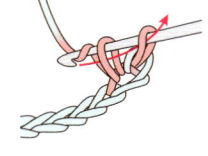

② 1目めの半目に針を入れ、針先に糸をかけて引き抜く。

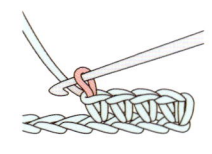

③ もう一度、針先に糸をかけて矢印の方向に引き抜く。

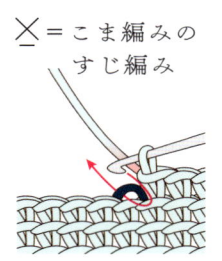

④ 2〜3を繰り返す。

╳ ＝こま編みのすじ編み

① すじ編みにするときは、前段の頭の糸2本をすくわずに、向こう側1本のみに針を入れてこま編みする。

┳ ＝ 中長編み

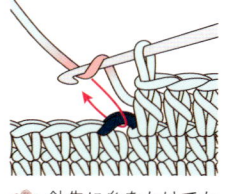

① 針先に糸をかけてから、前段の頭の糸2本の中に針を入れる。

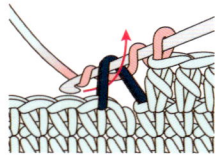

② 針先に糸をかけて矢印の方向に引き抜く。

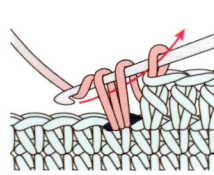

③ 再び、針先に糸をかけて矢印の方向に引き抜く。

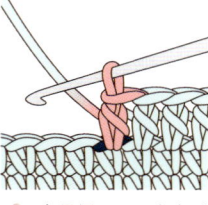

④ 中長編みのでき上がり。

┳ ＝ 長編み

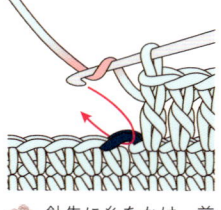

① 針先に糸をかけ、前段の頭に針を入れる。

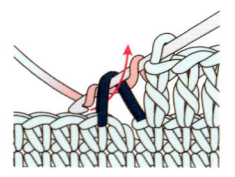

② 針先に糸をかけて矢印の方向に引き抜く。

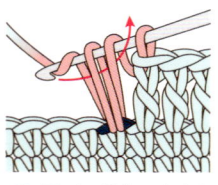

③ 再び、針先に糸をかけて左から2ループを引き抜く。

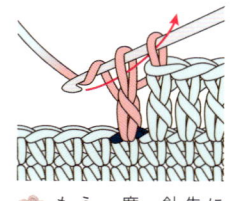

④ もう一度、針先に糸をかけて残りの2ループを引き抜く。

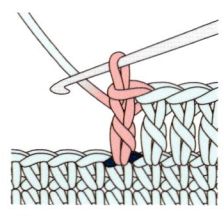

⑤ 長編みのでき上がり。

┳ ＝ 長々編み

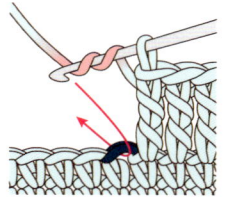

① 針先に糸を2回かけてから、前段の頭に針を入れる。

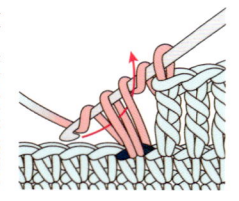

② 針先に糸をかけ、引き抜いてから、再び針先に糸をかけて矢印の方向に引き抜く。

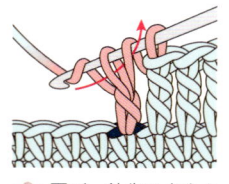

③ 再び、針先に糸をかけて矢印の方向に2ループを引き抜く。

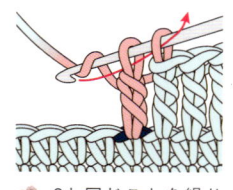

④ 3と同じことを繰り返す。

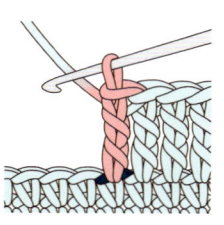

⑤ 長々編みのでき上がり。

▼ = 三つ巻き長編み

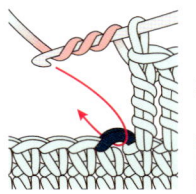 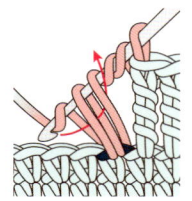 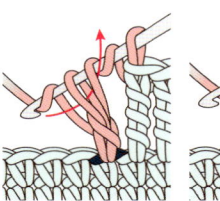 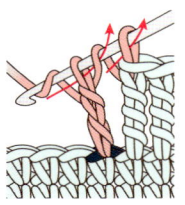 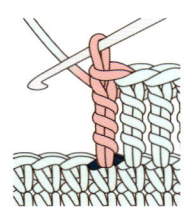

1. 針先に糸を3回かけて、前段の頭に針を入れる。
2. 針先に糸をかけ矢印の方向に引き抜く。
3. 再び、針先に糸をかけて矢印の方向に引き抜く。
4. 3と同じことを繰り返す。
5. 3と同じことを2回繰り返す。
6. 三つ巻き長編みのでき上がり。

⋀ = こま編み2目一度　　　**⋁ = こま編み2目編み入れる**

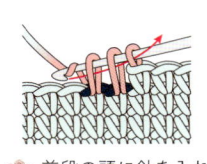 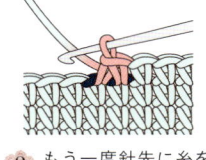 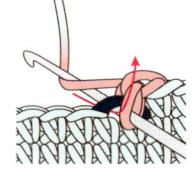 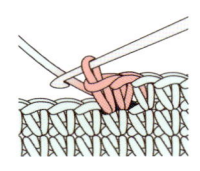

7. 前段の頭に針を入れ糸をかけて引き出し、次の目にも針を入れ糸をかけて引き出す。
8. もう一度針先に糸をかけて、針にかかっているループをすべて引き抜く。
9. 前段の頭に針を入れてこま編みを1目編む。
10. 1と同じ頭に針を入れてこま編みを編む。
11. こま編み2目編み入れるのでき上がり。

⋁ = 長編み2目編み入れる　　　**⋁ = 長々編み2目編み入れる**

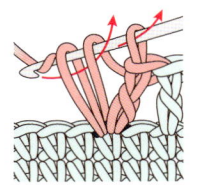 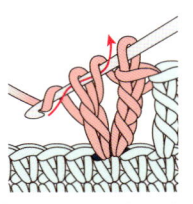

1. 前段の同じ目に長編みを2本編む。
2. 長編み2目編み入れるのでき上がり。
1. 長々編みを編んだら、次も同じ目に針を入れて長々編みを編む。
2. 長々編み2目編み入れるのでき上がり。

● = 引き抜き編み　　　**⦿ = くさり1目ピコット**

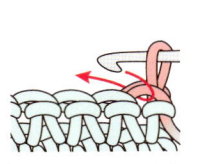 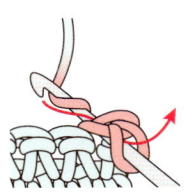 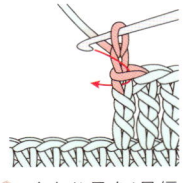 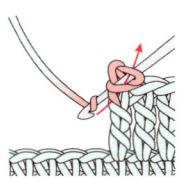 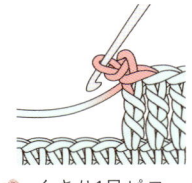

1. 立ち上がりのくさり目は編まずに前段の頭2本に針を入れる。
2. 針先に糸をかけ矢印のように引き抜く。
1. くさり目を1目編んだら、すぐ下の足の左端の糸に針を入れる。
2. 針先に糸をかけて引き抜く。
3. くさり1目ピコットのでき上がり。

◯ = くさり編み

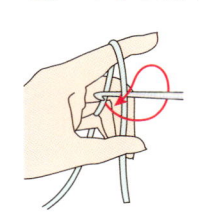 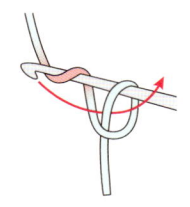 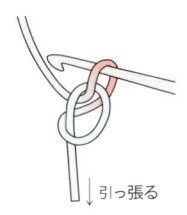 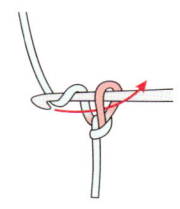 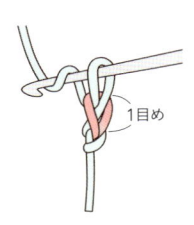

1. かぎ針を矢印のように回して糸をかける。
2. 針先に糸をかけて矢印のように引き出す。
3. 糸端を引いてループの大きさを整える。
4. 針先に糸をかけて引き出す。これが1目め。
5. 指定の数だけ、4を繰り返す。

クリスマスローズの編み方

▶ 冬の花かんむり／東欧の花かんむり／
　ハーブのブローチ

材料

レース糸（白／#80）
地巻きワイヤー（白／#35）

花

編み方はプロセス写真の通り。→P.40 〜 44
ワイヤー 24cmカットを通して二つ折りにする。

つぼみ

編み方はプロセス写真の通り。→P.45
ワイヤー 24cmカットを通して二つ折りにする。

葉

編み方はプロセス写真の通り。→P.46
ワイヤー 24cmカットを通して二つ折りにする。

色番号

花A、つぼみA	4（薄め）
花B、つぼみB	7
葉	13

花（外側） **1〜4段め**
4段めの花びらは3段めの手前半目に編み入れる

5段め

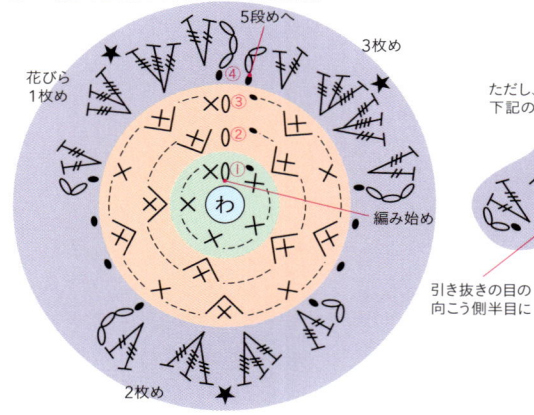

5段めへ
3枚め
花びら1枚め
編み始め
2枚め

ただし、花びら3枚めのみ
下記のように編み入れる

引き抜きの目の向こう側半目に
向こう側半目に
手前半目に

4段めからの続き
花びらは4段めと同様
編み終わり
4段め
5枚め

① わの作り目

※基本的な編み方を、クリスマスローズで解説しています。
※写真はわかりやすいように、実際の糸より太いものを使用しています。

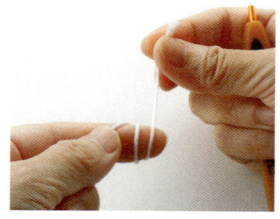

① 左手の人さし指の先に糸を
　2回巻きつける。

② 針先をわに入れる。

③ 左手に糸をかけて、②の
　わを持ち、右手でかぎ針を
　持って糸をかけて引き出す。

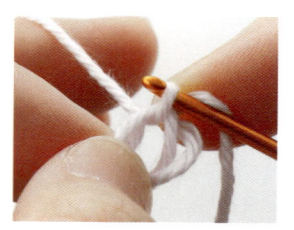

④ 引き出したところ。

② 1段めを編む

⑤ 針に糸をかけ引き出す。

立ち上がりのくさり1目

① 立ち上がりのくさり1目を編む。

② こま編みを1目編む

③ こま編みを計5目編む（1段め）。

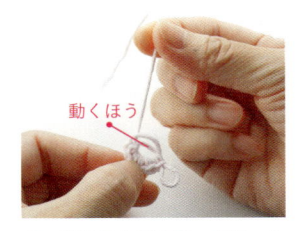

動くほう

④ 始めの糸端を引っ張り、わになった2本の糸のうち動くほうを確認する。

⑤ 動いたわの糸を引いて、わを小さくする。

⑥ 再び糸端を引っ張って、わを引き締める。

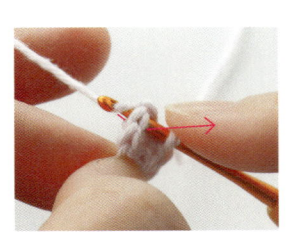

⑦ 一目めのこま編みの頭に針を入れ、針に糸をかける。

③ 2 〜 3段めを編む

⑧ 引き抜く。

くさり1目

① 立ち上がりのくさり1目を編む。

② こま編み1目に2目ずつこま編みを編み入れ、こま編みを10目編む。（2段め）。

③ 3段めは、1つおきにこま編み2目を編み入れ、こま編みを15目編む。

> **Point**
> 向こう側半目は残しておく。以降、同様に手前半目を拾って編む。

④ 4段めを編む

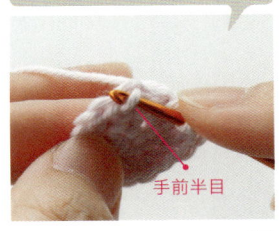

手前半目

④ 始めのこま編みの頭の手前半目に針を入れる。

⑤ 引き抜く。

① くさりを3目編む。

くさり3目

② 同じ目に長々編みと、3つ巻き長編みを編む。

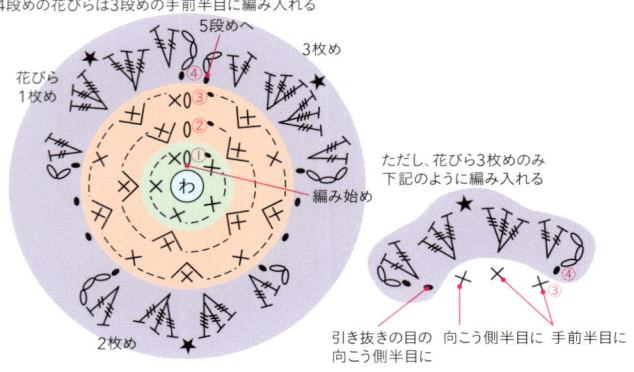

4段めの花びらは3段めの手前半目に編み入れる

5段めへ

3枚め

花びら
1枚め

編み始め

ただし、花びら3枚めのみ
下記のように編み入れる

2枚め

引き抜きの目の　向こう側半目に　手前半目に
向こう側半目に

③ となりの目に3つ巻き長編みを編む。

④ 同じ目に4つ巻き長編みを編む。

Point
「Y字編み」の編み方。

Point
★部分の編み方。

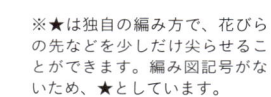

⑤ 針に糸を3回かけ、4つ巻き長編みの足元の糸2本に針を入れる。

⑥ 3つ巻き長編みを編む。Y字のような編み目になる。

⑦ 3つ巻き長編みの頭の左の糸に針を入れ、糸をかける。

⑧ 引き抜く。

※★は独自の編み方で、花びらの先などを少しだけ尖らせることができます。編み図記号がないため、★としています。

⑨ となりの半目に4つ巻き長編みを編む。

⑩ 足元の糸2本に針を入れ、3つ巻き長編みを編む（⑤と同じY字編み）。

⑪ ⑨と同じ目に3つ巻き長編みを編む。

⑫ となりの半目に3つ巻き長編みを編む。

⑬ 同じ目に長々編みを編む。

⑭ くさりを2目編む。

⑮ 同じ目に引き抜き編みする。

⑯ 手前の半目を拾いながら、編み図にしたがって2枚めの花びらを編み、3枚めの花びらの★まで編む。

17 4つ巻き長編みを、向こう側半目に針を入れて編む。

18 4つ巻き長編みを編み、Y字で3つ巻き長編みを編み、同じ目に3つ巻き長編みを編む。

19 針に糸を3回かけ、となりの目の向こう側半目に針を入れる。

20 3つ巻き長編みを編む。

21 同じ目に長々編みを編む。

22 くさりを2目編む。

23 同じ目に引き抜く。

24 このように花びらが重なる。

⑤5段めを編む

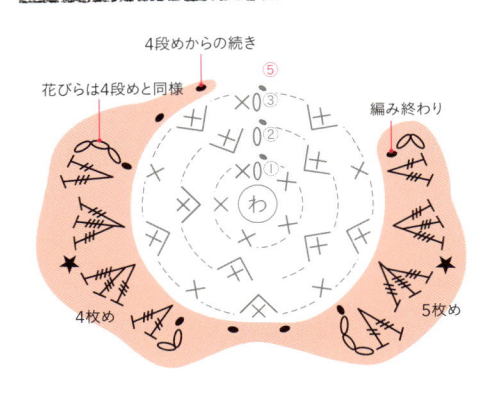

4段めからの続き

花びらは4段めと同様

編み終わり

4枚め

5枚め

1 5段めは、3段めの最初の1目をとばし、2目めの向こう側半目に針を入れる。

2 引き抜く。

3 2 の後、2回引き抜き編みをした後、くさりを3目編む。

4 3段めの向こう側半目を拾いながら花びら1枚を編み、残した向こう側半目に引き抜く。

5 同様に5枚めの花びらも編む。

6 花びらの編み上がり。糸を裏へ出して切る。

クリスマスローズ／花（中心）

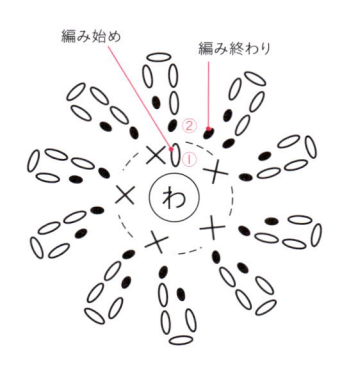

編み始め
編み終わり

わ

① わの作り目にこま編みを5目編む。

② 最初の目に針を入れる。

③ 引き抜く。

④ くさりを4目編む。

くさり4目

⑤ くさりの1目めの半目に針を入れる。

⑥ 引き抜き編みをする。

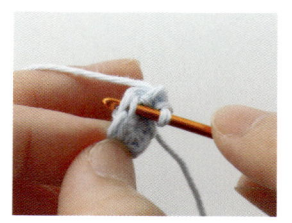

⑦ 1目めのこま編みの頭に針を入れる。

⑧ 引き抜き編みをする。

⑨ くさりを4目編む。

⑩ ⑤〜⑧と同様に編む。

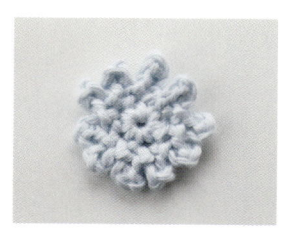

⑪ こま編み1目に2枚の花びらを編み、10枚編んだところ。

⑫ 最初の引き抜き編みの頭に針を入れる。

⑬ 引き抜き編みをする。

⑭ 糸は裏側へ出して切る。でき上がり。

クリスマスローズ／つぼみ

花びら3枚同じ

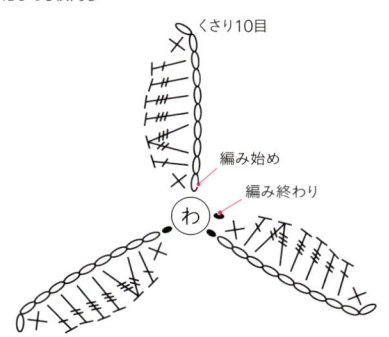
くさり10目
編み始め
編み終わり
わ

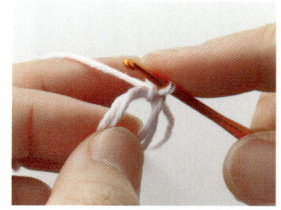

くさり10目

① わの作り目をして引き抜く。

② くさりを10目編む。

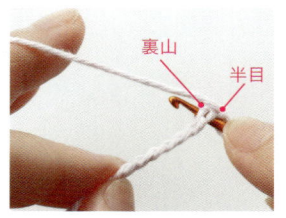
裏山
半目

③ くさりの半目と裏山を拾う。

④ こま編みを編む。

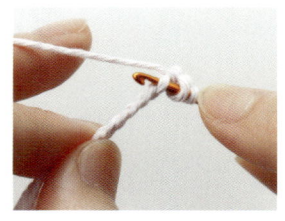

⑤ となりの目の半目に針を入れる

⑥ 長編みを編む。以降、となりの目の半目に針を入れて編む。

⑦ 編み図の通りに編む。

⑧ わに引き抜く。

くさり10目

⑨ くさりを10目編む。

⑩ 2枚めの花びらも編み図の通りに編み、わに引き抜く。

くさり10目

⑪ くさりを10目編む。

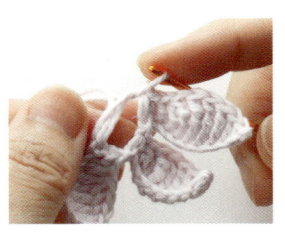

⑫ 3枚めの花びらを編み図の通りに編み、わに引き抜く。

⑬ かぎ針をはずし、最初の糸を少し引き、わの糸の動くほうを確認する。P.41と同様にわを閉じる。

⑭ でき上がり。

クリスマスローズ／葉

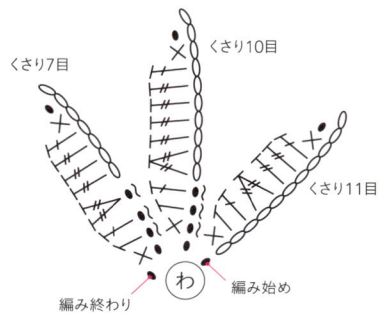

くさり7目　くさり10目　くさり11目

編み終わり　わ　編み始め

〜：バック引き抜き編み

① わの作り目で引き抜いた後、わに針を入れて引き抜く。

くさり11目

② くさりを11目編む。

Point
バック引き抜き編み 〜

③ 編み図にしたがって編む。

④ わに引き抜く。

向こう側半目

⑤ ここからバック引き抜き編み。編んだこま編みの向こう側半目に針を入れる。

⑥ 糸をかけて引き抜く。

⑦ 中長編みの向こう側半目に針を入れる。

⑧ 糸をかけて引き抜く。

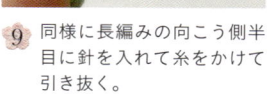

⑨ 同様に長編みの向こう側半目に針を入れて糸をかけて引き抜く。

※バック引き抜き編みを3目編んだところ。

くさり10目

⑩ くさりを10目編む。

⑪ 編み図にしたがって編み、わに引き抜く。

⑫ 3枚めの葉も編み図にしたがって編み、わに引き抜く。

ワイヤー

⑬ 糸は60cmほど残して切り、引き締める。わに二つ折りにしたワイヤーをまたがせる。

⑭ わを引き締める。わの引き締め方→P.41参照。

花の組み立て方

① 葉2枚、つぼみ、花（中心）、花（本体）を編む。

② 二つ折りにしたワイヤーを、つぼみの裏から表へ差し込む。

③ つぼみの裏の花びらの縁に接着剤をつける。

④ つぼみらしく閉じる。

⑤ 花（中心）に、二つ折りにしたワイヤーを差し込む。

⑥ 花（本体）に中心パーツのワイヤーを差し込む。

⑦ 本体の真ん中に接着剤をつける。

⑧ 本体と中心パーツを接着させる。

⑨ 花の下のワイヤーに接着剤をつける。

⑩ 糸を1cmくらい巻きつける。

⑪ 葉も同様に、ワイヤーに接着剤をつけて糸を1cmくらい巻きつける。

⑫ 花と葉の糸の巻き終わりを合わせて、ワイヤーに接着剤をつけながら糸を巻く。

⑬ つぼみも、ワイヤーに接着剤をつけながら糸を1cmくらい巻く。

⑭ つぼみと葉を合わせて、ワイヤーに接着剤をつけながら糸を巻く。

⑮ 花とつぼみを、糸の巻き終わりが合うように合わせ、ワイヤーに接着剤をつけながら糸を巻く。

⑯ でき上がり。

スノーフレークの編み方

▶ 春の花かんむり／春の花のリースブローチ

材料

レース糸（白／#80）
地巻きワイヤー（白／#35）
刺繍糸（DMC470）

花

① 花を編み、表側が外側にくるように整える。

② 着色、色止めし、硬化スプレーをかける。

③ 内側パーツの中心に、ワイヤーを二つ折りにして通す。

④ 外側パーツの中心に、③のワイヤーを通す。間に接着剤をつけて接着する。

⑤ 刺繍糸（DMC 470）を1本取りにして、ワイヤーに接着剤をつけながら巻いてふくらみを作る。

葉

① こま編みでワイヤーを編みくるむ（25目）。

② こま編みの向こう側半目に葉の片側を編み入れる。

③ 片側が編めたらワイヤーを折り返す。

④ 残した手前半目を拾い、ワイヤーを編みくるみながら、葉のもう片側を編む。

⑤ 着色、色止めし、硬化スプレーをかける。
（葉の編み方、ワイヤーの編み込み方は［野ばらの葉の編み方］参照→P.63）

苞（ほう）

① くさりを18目編み、くさりの半目を拾って苞を編み入れる。

② 着色、色止めし、硬化スプレーをかける。

色番号

花	12（点を描くように染める）
苞	12（全体を薄めに染め、縁を濃いめに染める）
葉	12、13

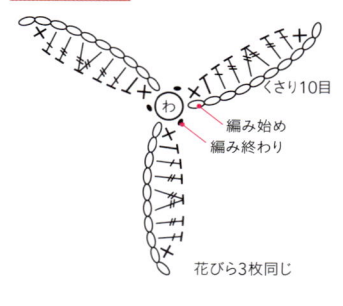

花（外側）

くさり10目
編み始め
編み終わり
花びら3枚同じ

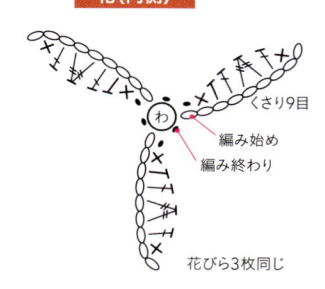

花（内側）

くさり9目
編み始め
編み終わり
花びら3枚同じ

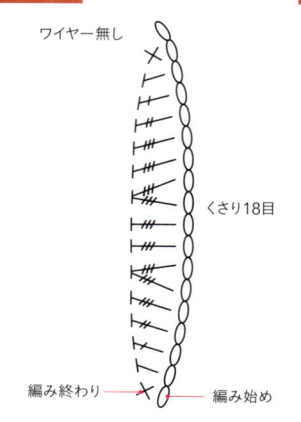

苞（ほう）

ワイヤー無し
くさり18目
編み終わり　編み始め

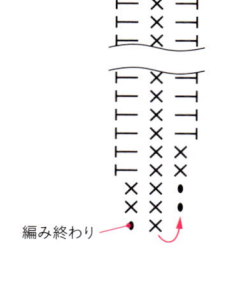

葉

ここでワイヤーを折り返す
編み始め
ワイヤー編み込み
こま編み25目
編み終わり

花の根元にふくらみを作る

① 花を編み、着色をする。

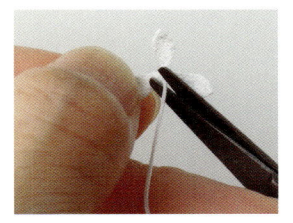

② 花の根元で糸を切る。

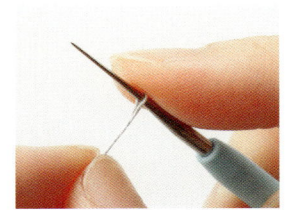

③ ワイヤーを二つに折り、真ん中に目打ちを当てて丸くする。

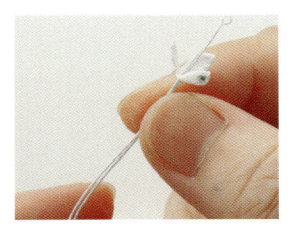

④ 内側の花の真ん中に、ワイヤーを通す。

⑤ 外側の花にも、④ のワイヤーを通す。

⑥ 外側の花に接着剤をつける。

⑦ 内側の花と花びらが交互になるように重ね、接着する。

⑧ 花の根元に接着剤をつけて、刺繍糸(DMC 470) 1本取りを巻く。

⑨ 接着剤をつけながら、刺繍糸を巻いていく。

⑩ ふくらみができたところ。

⑪ ふくらみの下にも1cmくらい巻く。

⑫ ピンセットで、花びらの先をつまみ、外側へカールさせる。

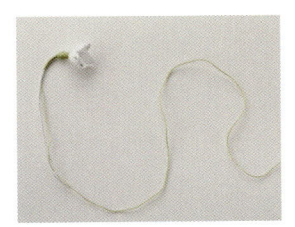

⑬ スノーフレークの花のでき上がり。

雪割一華の編み方

▶ 春の花のリースブローチ／ハーブのブローチ／
ラリエット

材料

レース糸（白／＃80）
地巻きワイヤー（白／＃35）

花

① 上パーツを編む。下パーツは花弁を2層重ねた形に編む。編み終わりの糸は20cm残して切り、裏側に出す。

② 着色、色止めをする。

③ 上パーツにワイヤーを二つ折りにして通す。

④ 下パーツの中心に ③ のワイヤーを通す。上パーツと下パーツの間に少し接着剤をつけて接着する（重ね方、糸の処理は［シロツメクサの花の作り方］参照→P.55）。

⑤ 形を整えて硬化スプレーをかける。

⑥ 花の中心に花粉を接着剤でつける（花粉の作り方は野ばらの［花粉のつけ方］参照→P.63）。

⑦ ワイヤーに接着剤をつけながら糸を巻いて茎を作る。

葉

※バック引き抜き編みの編み方は［クリスマスローズ／葉］参照。→P.46

① 葉を編み、着色、色止めし、硬化スプレーをかける。

② ワイヤーを二つ折りにして通す。

③ ワイヤーに接着剤をつけながら糸を巻いて茎を作る。

色番号

花	8（ごく薄く）
葉	8、12、13

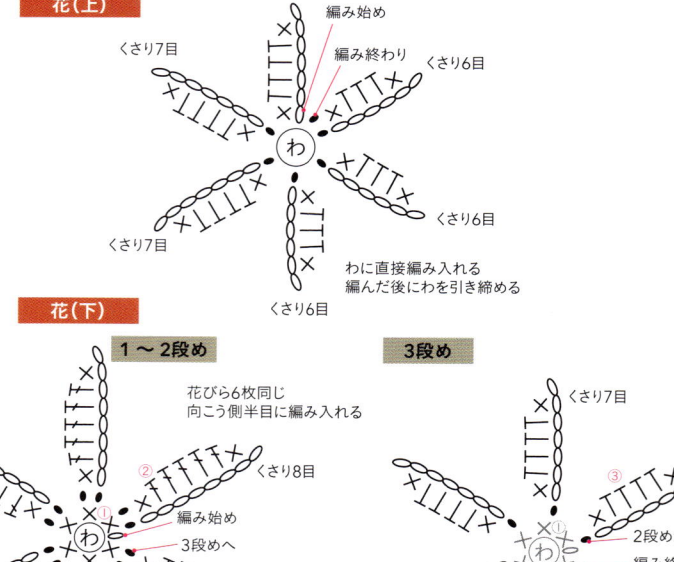

花（上）

くさり7目
編み始め
編み終わり
くさり7目
くさり6目
くさり6目
くさり7目
くさり6目
わに直接編み入れる
編んだ後にわを引き締める

花（下）

1〜2段め

花びら6枚同じ
向こう側半目に編み入れる
くさり8目
編み始め
3段めへ
花びら6枚同じ
手前半目に編み入れる

3段め

くさり7目
2段めから
編み終わり

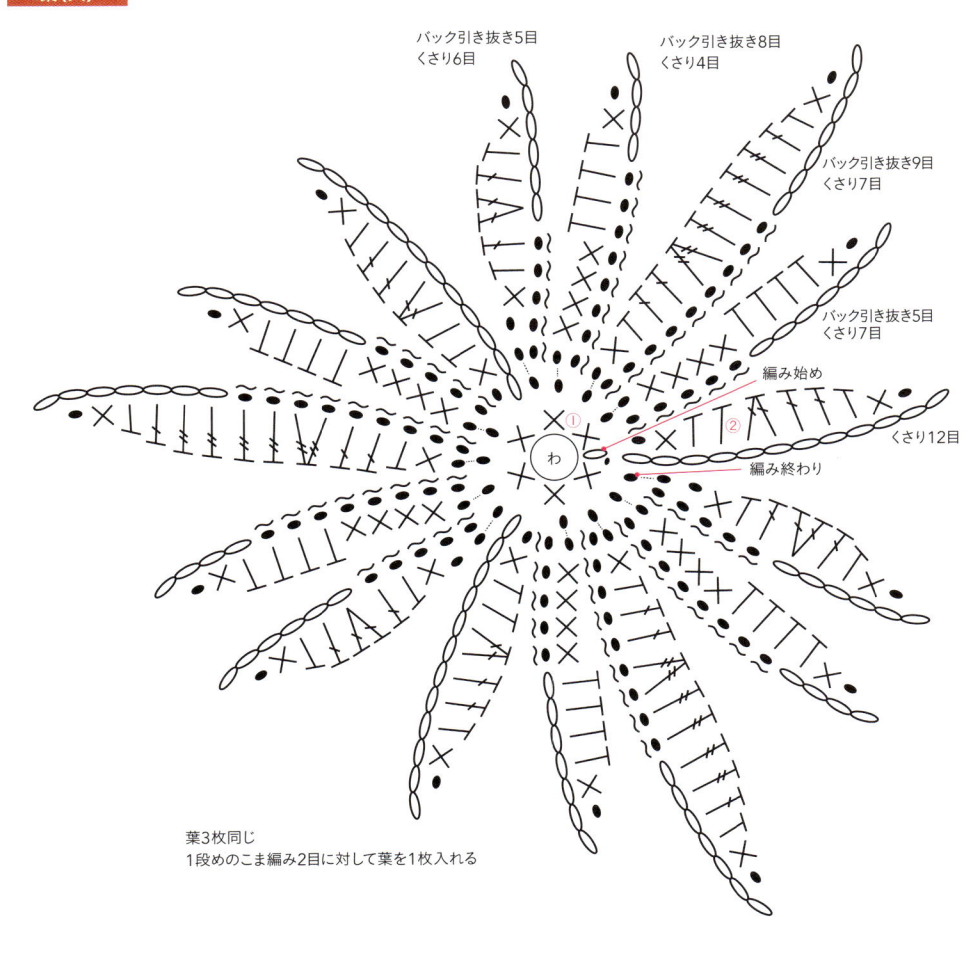

バック引き抜き5目
くさり6目

バック引き抜き8目
くさり4目

バック引き抜き9目
くさり7目

バック引き抜き5目
くさり7目

編み始め

くさり12目

編み終わり

葉3枚同じ
1段めのこま編み2目に対して葉を1枚入れる

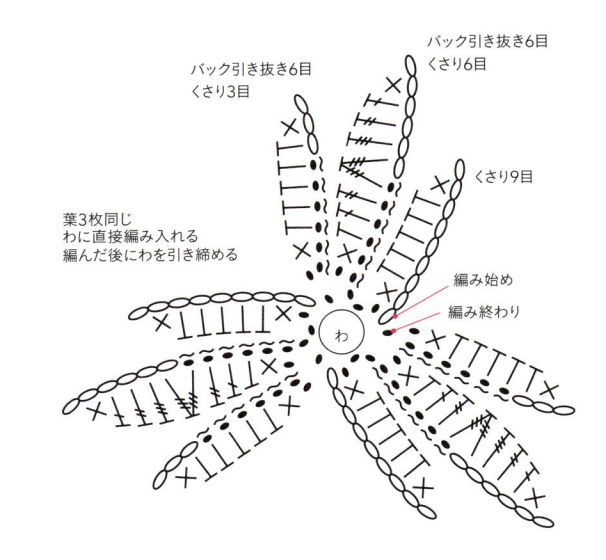

バック引き抜き6目
くさり3目

バック引き抜き6目
くさり6目

くさり9目

編み始め

編み終わり

葉3枚同じ
わに直接編み入れる
編んだ後にわを引き締める

バイカオウレンの編み方

▶ ハーブのブローチ／ラリエット

材料

レース糸（白／＃80）
地巻きワイヤー（白／＃35）

がく

※白い花に見える部分は、本来はがく。花は小さい黄色の部分。

① がくを編み、編み終わりの糸は30cmほど残して切り、裏側へ出す。

花

① 糸を20cmくらい、色番号1に着色し、色止めしておく。

② ワイヤーに糸を12回ほど巻く。巻いた部分を丸く整えて小さな花を作る（P.53参照）。

おしべ

指に糸を20回ほど巻いて作る（P.53参照）。

葉

① 葉を編み、着色、色止めし、硬化スプレーをかける。

② ワイヤーを二つ折りにして通す。

③ ワイヤーに接着剤をつけながら糸を巻いて茎を作る。

色番号

葉	12、13

葉

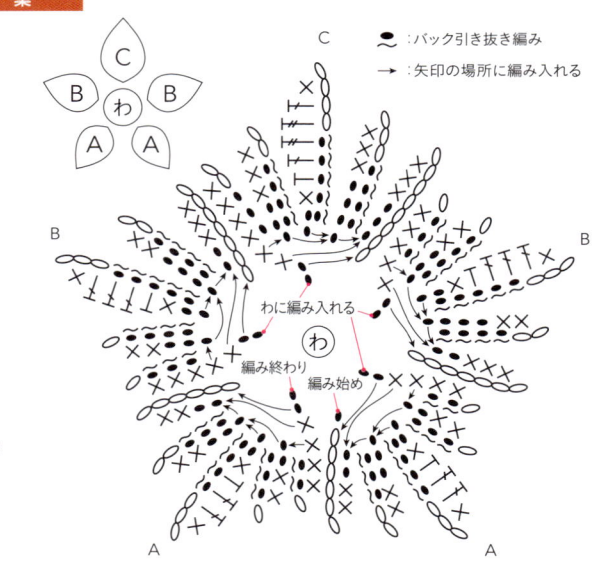

C

⌒：バック引き抜き編み

→：矢印の場所に編み入れる

わに編み入れる
編み終わり
編み始め
わ

がく

1段め
こま編み10目

くさり8目

編み始め
編み終わり
②
①
わ

花びら5枚同じ

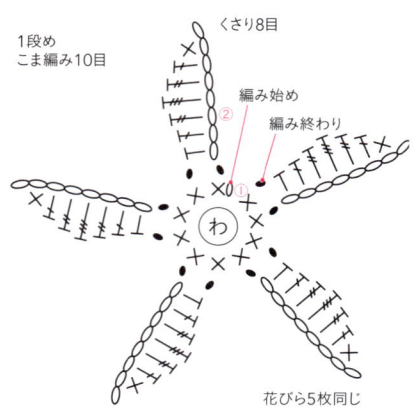

花の作り方

   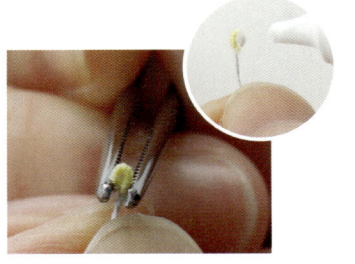

① ワイヤーと黄色に染めた糸を用意する。

② ワイヤーの先端に接着剤をつけ糸を12回ほど巻く。

③ 先の余分なワイヤーと余った糸を切る。

④ ピンセットでつまみ、糸を巻いた部分を真ん中で折る。接着剤をつけて固める。

おしべの作り方

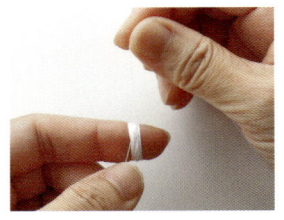   

① 指に糸を20回ほど巻く。

② 指からはずし別糸で結ぶ。

③ 結んだ反対側を切る。

④ 根元の真ん中に接着剤をつける。

⑤ 根元を結ぶ。

⑥ 根元から3分の1くらいのところで切る。

⑦ 根元を着色して色止め液を塗る。

⑧ 硬化スプレーで固める。

   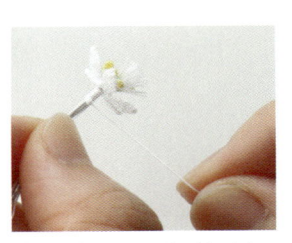

⑨ がくの真ん中に黄色の花を通す。

⑩ ピンセットで広げる。

⑪ 真ん中におしべを根元の糸から通し、先を少しカットして整える。

⑫ 接着剤をつけながらがくの糸を巻き固定する。

シロツメクサの編み方

▶ シロツメクサの花かんむり／春の花かんむり／
小さな花かんむり／春の花のリースブローチ／
ハーブのブローチ

材料

レース糸（白／#80）
地巻きワイヤー（白／#35）

花

1. 上パーツ、下パーツを編む。編み終わりの糸は中心から裏側に出す。着色、色止めする。

2. 中心パーツを編み、着色、色止めする。ワイヤー（24cmカット）を二つ折りにして引っかける。

3. 上パーツの中心に **2** のワイヤーを通し、間に接着剤をつけて接着する。

4. 下パーツも **3** と同様に。

5. 形を整えて硬化スプレーをかける。

6. ワイヤーに接着剤をつけながら糸を巻いて茎を作る。

葉

1. ワイヤー（12cmカット）をこま編みで編みくるむ。

2. こま編みの向こう側半目に葉の片側を編み入れる。

3. 片側が編めたらワイヤーを折り返す（折り返す側を2cmほどにする）。

4. 残した手前半目にワイヤーを編みくるみながら、葉のもう片側を編み入れる。

5. 着色、色止めし、硬化スプレーをかける。

6. ワイヤーは折り返した側を短く切る（葉のつけ根ギリギリで切る）。

7. 三つ葉は3枚1組、四つ葉は4枚1組で、葉のつけ根を合わせて、ワイヤーに接着剤をつけながら糸を巻いて茎を作る。

色番号

花	12（中心のみ染める）
葉	12、13（模様の部分は染まらないように白く残す）

葉（大）

こま編みでワイヤーを編みくるむ

編み始め

残した手前半目に
葉のもう片側を
編み入れる

編み終わり

向こう側半目に
葉の片側を編み入れる

葉（小）

こま編みでワイヤーを編みくるむ

編み始め

編み終わり

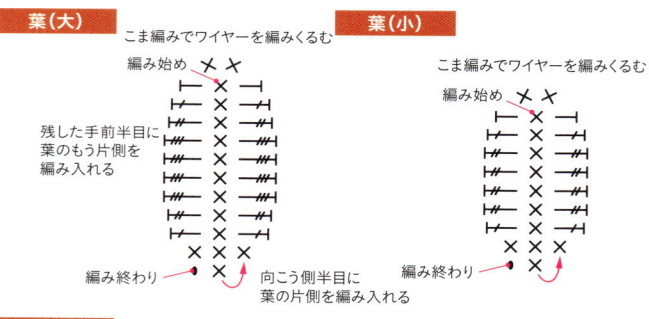

花（中心）

編み始め

編み終わり

くさりの1目めに編み入れる

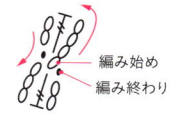

花（上）

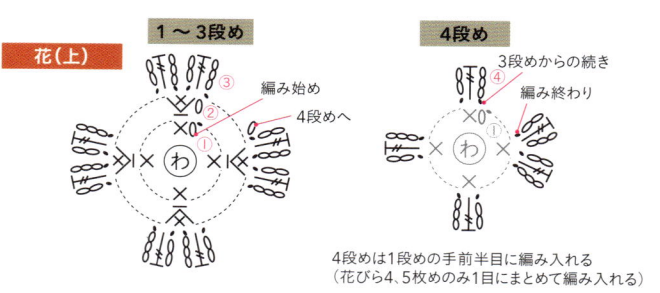

1〜3段め

編み始め

4段めへ

4段め

3段めからの続き

編み終わり

4段めは1段めの手前半目に編み入れる
（花びら4、5枚めのみ1目にまとめて編み入れる）

| 花（下） | 1～2段め | | 3～4段め | | 5段め |

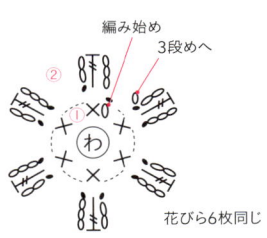

② 編み始め
3段めへ

花びら6枚同じ

2段めは1段めの向こう側半目に編み入れる

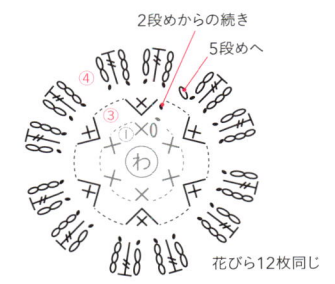

2段めからの続き
5段めへ
④

花びら12枚同じ

3段めは1段めの手前半目に編み入れる
4段めは3段めの向こう側半目に編み入れる

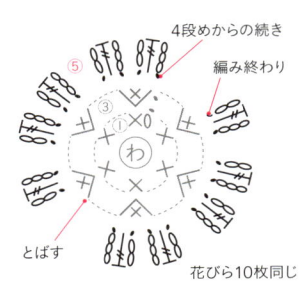

4段めからの続き
編み終わり
⑤

とばす

花びら10枚同じ

5段めは3段めの手前半目に編み入れる

花の作り方

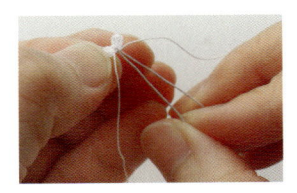

1 花の中心パーツの真ん中に、二つ折りにしたワイヤーをかける。

中心　上　下

2 花の中心、上、下パーツそれぞれ着色する。

3 上のパーツに中心のパーツを通す。

4 中心パーツの糸を切る。

5 真ん中に接着剤をつける。

6 中心パーツを重ねて接着させる。

7 下のパーツの真ん中に6を通し、糸を切る。

8 5と同様に接着剤をつけて重ねる。※形を整えて硬化スプレーをかけ、ワイヤーに接着剤をつけながら糸を巻く（葉の作り方参照）。

葉の作り方

1 葉を3枚編み、根元を合わせる。

2 根元に接着剤をつける。

3 3枚のうちの1枚の糸で根元を巻く。

1cm

4 根元から1cmくらいまで糸を巻く。

タンポポの編み方

▶ 春の花かんむり／小さな花かんむり／
　春の花のリースブローチ

材料

レース糸（白／#80）
地巻きワイヤー（白／#35）

花

① 上パーツ、下パーツを編む。編み終わりの糸は中心
　から裏側に出す。

② 着色、色止めをする。

③ 上パーツに二つ折りにしたワイヤー（24cmカット）
　を通す。

④ 下パーツの中心に③のワイヤーを通す。上下パーツ
　の間に少し接着剤をつけて接着する。

⑤ 形を整えて硬化スプレーをかける。

葉　※P.57 [葉] 参照。

① ワイヤー（24cmカット）をこま編みで編みくるむ。

② こま編みの向こう側半目に葉の片側を編み入れる。

③ 片側が編めたら、ワイヤー二つ折りの先端に編み入れる。

④ 残した手前半目に葉のもう片側を編み入れる。

⑤ 着色、色止めし、硬化スプレーをかける。

色番号

| 花 | 1 | | 葉 | 12、13 |

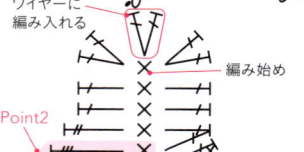

花（上）

1 〜 4 段め

5段めへ
編み始め
2段め、3段めはすじ編み

5段め
2段めの手前半目に編み入れる
4段めから
6段めへ

6段め
1段めの手前半目に編み入れる
5段めから
編み終わり

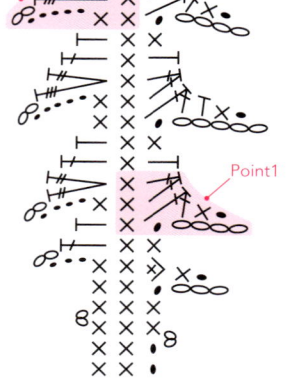

葉

ワイヤーに編み入れる
編み始め
Point2
Point1
編み終わり
25目
ワイヤーを二つ折りにして
こま編みで編みくるむ

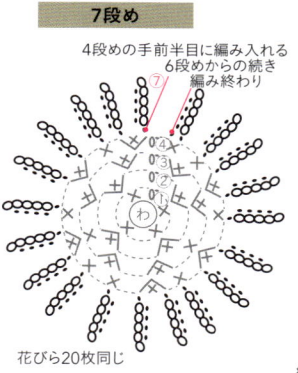

花（下）

1 〜 6 段め

7段めへ
編み始め
5段めはすじ編み
花びら24枚同じ

7段め
4段めの手前半目に編み入れる
6段めからの続き
編み終わり
花びら20枚同じ

葉

1. ゆるめに作った作り目に、二つ折りにしたワイヤーを差し込む。編み進める側にワイヤーの端がくるように。

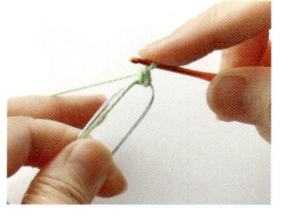

2. こま編みでワイヤーを編みくるむ。

3. こま編みを25目編む。

向こう側半目

4. 裏返して、こま編みの頭の向こう側半目に針を入れる。※以降、半目残して編んでいく。

5. 引き抜き編みをする。

6. 編み図にしたがって編み進める。片側の最後の、最初のこま編みに長編みを2目編み入れたところ。

7. 下からワイヤーを引っ張り、輪の先端に合わせる。

8. ワイヤーに針を通し、長編みを編み入れる。

9. ワイヤーに長編みを編み入れ、くさりを1目編む。くさりの根元、矢印のところに引き抜き編みをする。

10. こま編みの残した半目に、長編みを2目編み入れる。以降は、編み図にしたがって編む。

11. 25目めの半目に針を入れて引き抜く。

12. でき上がり

Point 1

2目一度

1. こま編み1目ずつに、向こう側半目に針を入れ、未完成の長編みを2目編む。

2. 一度に引き抜き、長編みの2目一度を完成させる。

Point 2

3つ巻き長編みの足を拾う

1. 3つ巻き長編みを編み、くさりを2目編んだら、くさりの1目めに引き抜く。3つ巻き長編みの足の矢印のところに4回引き抜き編みをする。

2. 4回引き抜き編みをしたところ。同様に、長々編みの場合は3回、長編みの場合は2回引き抜き編みをする。

カタバミの編み方

▶ 春の花かんむり／ハーブのブローチ

材料

レース糸（白／＃80）
地巻きワイヤー（白／＃35）

花

① 花を編む。編み終わりの糸は裏側に出す。

② 着色、色止めし、硬化スプレーをかける。

③ 二つ折りにしたワイヤー（24cmカット）を花の中心に通す。

④ ワイヤーに接着剤をつけながら糸を巻いて茎を作る。

葉

① ワイヤー（24cmカット）を二つ折りにして、こま編みで編みくるむ（8目）。ワイヤーの編み込み方は［タンポポ／葉］参照。→P.57

② こま編みの向こう側半目に、葉の片側を編み入れる。

③ 葉の先端で、ワイヤーに引き抜き編みをする。

④ 残した手前半目に葉のもう片側を編む。

⑤ 着色、色止めし、硬化スプレーをかける。

⑥ ワイヤーの片側を短く切る（葉のつけ根ギリギリで切る）。

⑦ 3枚1組で、葉のつけ根を合わせる。ワイヤーに接着剤をつけながら糸を巻いて茎を作る。

色番号

花	1
葉	12、13

花

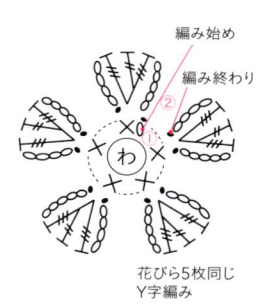

葉

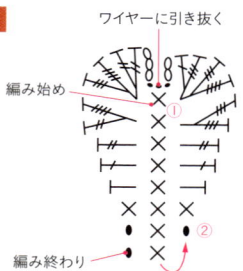

ライラックの編み方

▶ 春の花かんむり／小さな花かんむり／ラリエット

材料

レース糸（白／＃80）
地巻きワイヤー（白／＃35）

── 花

① ★の編み方は、[クリスマスローズ] 参照。→P.42

② 花びらを4枚編んだら、わを引き締める。編み終わりの糸は裏側に出す。

③ 着色、色止めし、硬化スプレーをかける。

④ 花の中心に二つ折りにしたワイヤーを通す。

⑤ ワイヤーに接着剤をつけながら糸を巻き、バランスを見て組み立てる。

色番号

| 花 | 8 | つぼみ | 7 |

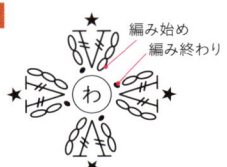

花

編み始め
編み終わり

わ

つぼみの作り方

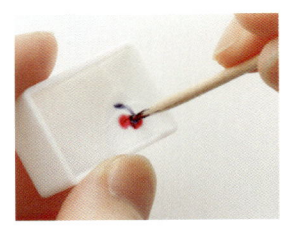 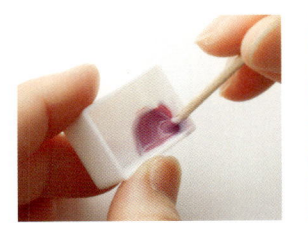 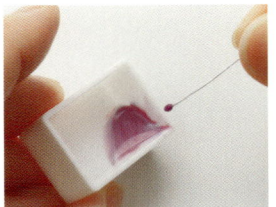 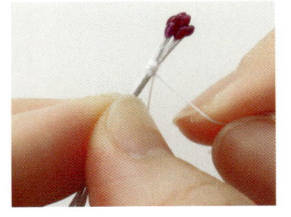

① 小さな容器に接着剤を入れ、楊枝で少量の染料を入れる。

② 混ぜて色を作る。

③ ワイヤーの先につけ乾かす。何回かつけて乾かすを繰り返してふくらませる。

④ 何本か合わせて根元に接着剤をつけながら糸を巻く。

花とつぼみの組み立て方

ピンセットで折る

① ワイヤーの先をピンセットで折り、花の中心に差し込む。花の根元に接着剤をつけて糸を巻いておく。

② 何本か合わせたつぼみと花を合わせて接着剤をつけながら糸を巻く。

③ 次の花を少しずらして合わせる。

④ バランスを見ながら組み立てて、糸を巻いて固定させる。

ハナカンザシの編み方

▶ ラリエット

材料

レース糸（白／ #80）
地巻きワイヤー（白／ #35）

花

1. 3段め、4段めはすじ編みをする（向こう側半目に編み入れる）。
   6段めは3段めの手前半目に編み入れる。
   7段めは2段めの手前半目に編み入れる。
   ★の編み方は［クリスマスローズ］参照。→P.42

2. 硬化スプレーをかけた後、24cmにカットしたワイヤーを花の中心に差し込む。

花の中心

着色、色止めし、硬化スプレーをかけた後、花に接着剤をつけて接着する。

葉

着色、色止めし、硬化スプレーをかけた後、花のワイヤーを中心に通す。

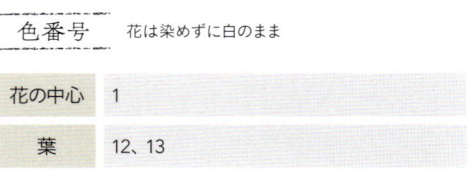

色番号	花は染めずに白のまま	
花の中心	1	
葉	12、13	

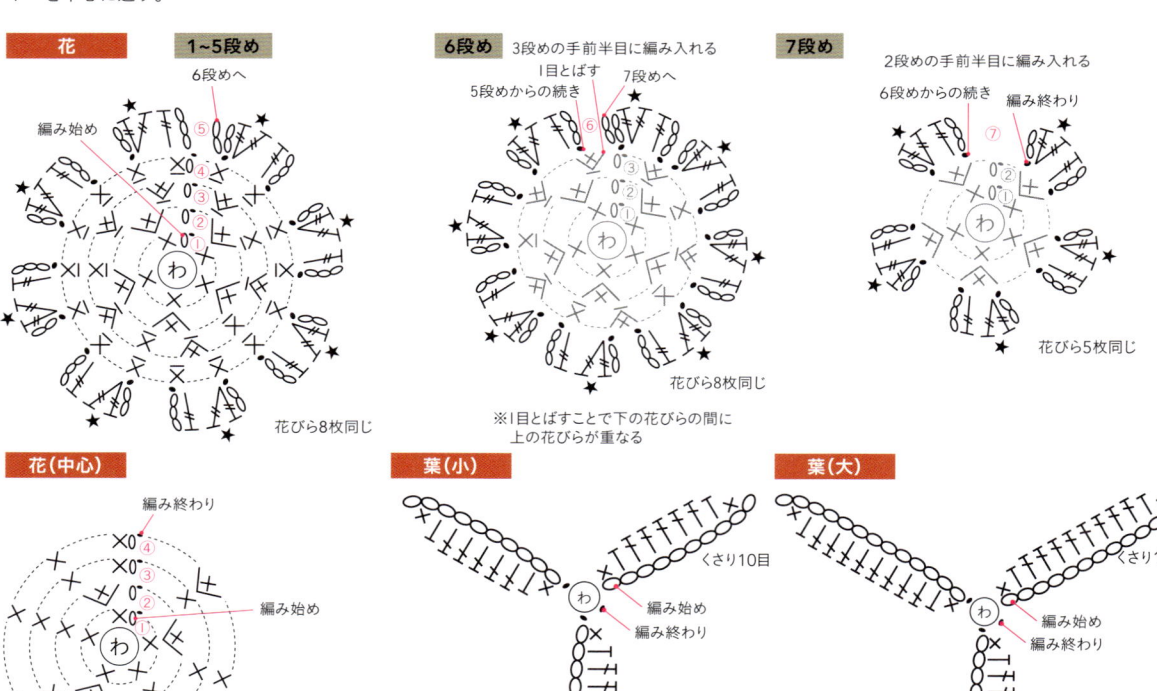

花 　1~5段め
6段めへ
編み始め
花びら8枚同じ

6段め　3段めの手前半目に編み入れる
1目とばす
5段めからの続き　7段めへ
花びら8枚同じ
※1目とばすことで下の花びらの間に
上の花びらが重なる

7段め　2段めの手前半目に編み入れる
6段めからの続き　編み終わり
花びら5枚同じ

花（中心）
編み終わり
編み始め

葉（小）
くさり10目
編み始め
編み終わり
葉3枚同じ

葉（大）
くさり13目
編み始め
編み終わり
葉3枚同じ

花6段め、7段めの編み方

Point
1目とばすことで、下の花びらの間に上の花びらがくる。

1. 1段めから5段めを編み図にしたがって編み、くさり2目を編む。

2. 6段めは、3段めの1目めをとばし、2目めのすじ編みの残した手前半目を拾う。

3. 6段めが編み終わったところ。

4. くさりを2目編む。

5. 7段めは、2段めの1目めのすじ編みの残した手前半目に針を入れる。

6. 編み図にしたがって7段めを編む。

7. 裏から真ん中に針を入れ、編み終わりの糸を裏へ出す。

8. でき上がり。

花の中心パーツ

1. わにこま編みを5目編み入れ、引き締めてから、最初の目に引き抜く。

2. 「こま編み2目編み入れる」記号のところは、同じ目にこま編みを2目編む。

3. 編み図にしたがって4段めまで編んだら、最初の目に引き抜く。

4. 糸を始末してから編み始めと編み終わりの糸を切る。

花の組み立て方

1. 二つ折りにしたワイヤーを、花の真ん中と少し横の穴に差し込む。

2. 真ん中に接着剤をつける。

3. 花の中心パーツを裏向きに接着させる

4. 花のでき上がり。

野ばらの編み方

▶ 春の花かんむり／秋の実りの花かんむり／
東欧の花かんむり／小さな花かんむり／
春の花のリースブローチ／ラリエット

材料

レース糸（白／＃80）
地巻きワイヤー（白／＃35）
綿　適宜

花

① 花を編む。バック引き抜き編みの編み方は［クリスマスローズ／葉］参照。→P.46

② 着色、色止めし、硬化スプレーをかけ、P.63を参照して花粉をつける。

葉

① P.63を参照して葉を編む。

② 着色、色止めし、硬化スプレーをかける。

③ 3枚または5枚で1組に組み立てる。
一番先端の1枚は、ワイヤーに糸を8mmほど巻く。他は2mmほど巻く。8mm巻いたものと2mm巻いたもの、巻き終わりを揃えて糸で巻く（3枚1組はここまで）。

④ 5枚1組にする場合は、③ の後、5mmほど巻いて、残りの2枚と巻き終わりを揃えて糸で巻く。

⑤ 茎を着色、色止めし、硬化スプレーをかける。

つぼみ

① 始めの糸は1段めが編み終わったところで表側に出す。

② 編み上がったら、始めの糸を引っ張って先が尖るように整える。中に綿または糸を詰める。

③ 最後の段の穴を目打ちなどで広げてワイヤー（24cmカット）を二つ折りにして通す。

④ 着色、色止めし、硬化スプレーをかける。

がく

① 編み終わりの糸は表側に出す。

② 着色、色止めし、硬化スプレーをかける。

③ 花のワイヤーを中心に通し、花の裏に接着剤で接着する。

④ つぼみのワイヤーを中心に通し、つぼみを包み込むように接着剤で接着する。

実

※［ライラック／つぼみの作り方］参照。→P.59

色番号

花、つぼみ	3	実	5
葉、がく	12、13		

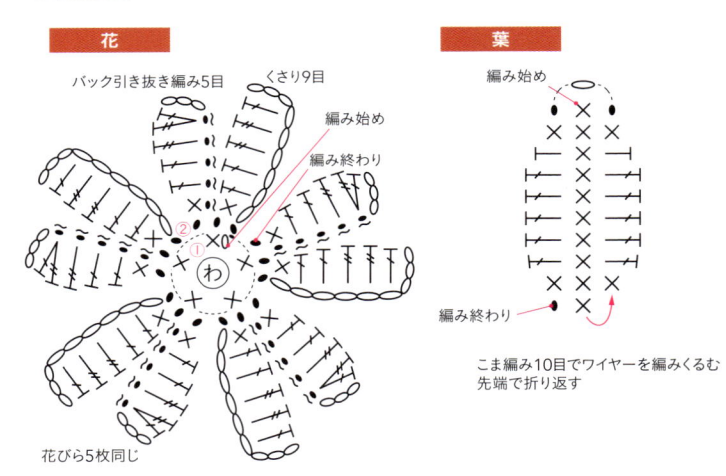

花

バック引き抜き編み5目　くさり9目　編み始め　編み終わり　花びら5枚同じ

葉

編み始め　編み終わり
こま編み10目でワイヤーを編みくるむ
先端で折り返す

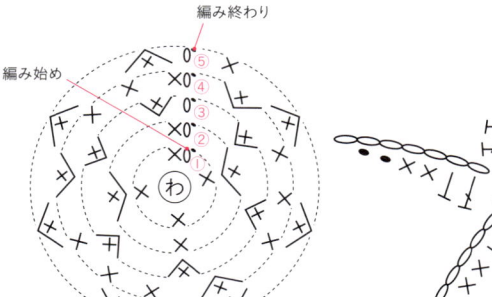

つぼみ

編み終わり　編み始め

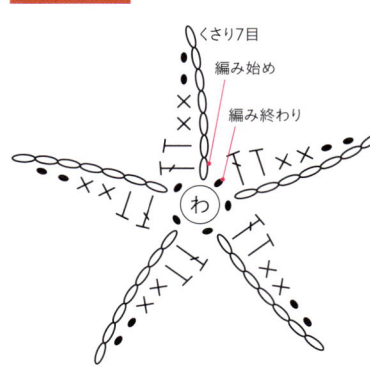

がく

くさり7目　編み始め　編み終わり

葉の編み方

1 くさりの作り目をゆるく作る。

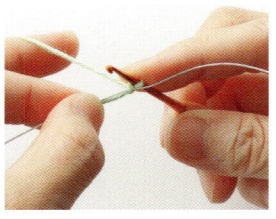

2 ゆるめたところにワイヤー（12cmカット）を通し、編み目をワイヤーの中心に置く。

3 ワイヤーを芯にしてこま編みを10目編む。

向こう側半目

4 裏返して、向こう側半目に針を入れる。

5 こま編みを1目編む。

6 編み図の通りに編み、端のくさりを1目編んだら、手前の引き抜き編みの目の手前半目と残した半目の一番端に針を入れる。

7 引き抜く。

8 ワイヤーを折る。

9 残した半目とワイヤーの下に針を入れる。

10 こま編みを編む。

11 同様に、残した半目に針を入れ、編み図の通りに編み、最後に引き抜く。

12 葉のでき上がり。

花粉のつけ方

1 二つ折りにしたワイヤーを、花の真ん中と少し横に通す。

2 花の真ん中に接着剤をつける。

3 花粉は、黄色に染めた糸を小さく切って作る。ピンセットでのせ、余分は落とす。

4 花のでき上がり。

シャクヤクの編み方

▶ 春の花かんむり

材料

レース糸（白／＃80）
地巻きワイヤー（白／＃35）

花

① 編み図通りに花を編み、着色、色止めをする。

② 花の中心パーツは花弁を立ち上げるように形を整えて硬化スプレーをかける。

③ 花びら外側/花びら内側は、粘土用ツールなどで丸みをつけた形に整えて硬化スプレーをかける。

④ ワイヤー（24cmカット）を通して組み立てる（→P.65参照）。

つぼみ

① 編み図通りにつぼみを編み、着色、色止めをする。

② 粘土用ツールで丸みをつけた形に整えて硬化スプレーをかける。

③ ワイヤー（24cmカット）を通して組み立てる（[花の組み立て方] 参照）。

葉

① ワイヤー（24cmカット）を二つ折りにしてこま編みで編みくるむ。

② 葉の片側をこま編みの向こう側半目に編み入れる。

③ 先端でワイヤーに引き抜き編みをする。残した手前半目に葉のもう片側を編み入れる。

④ 着色、色止めし、硬化スプレーをかける。

色番号

花びら外側、つぼみ外側	4
花びら内側、つぼみ内側	4（薄め）
葉、がく	12、13

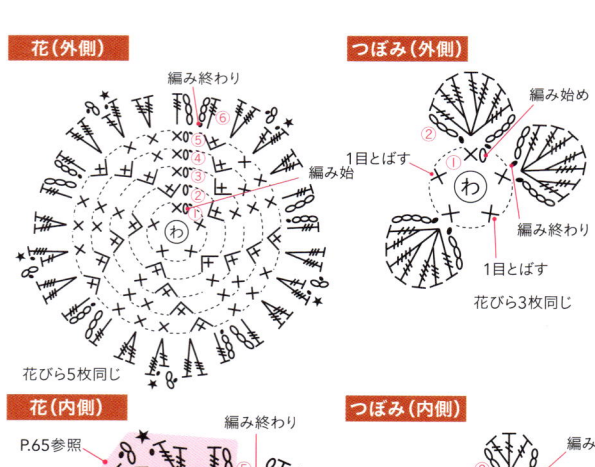

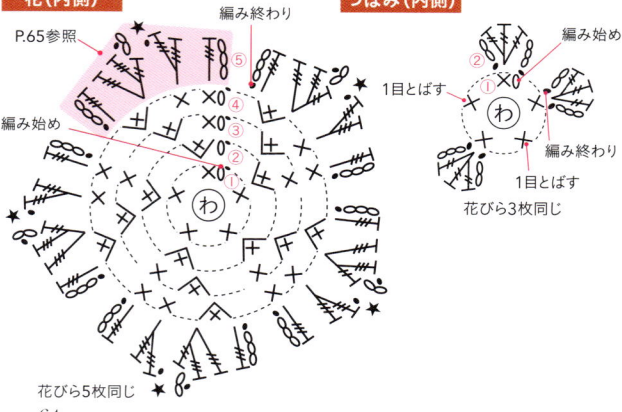

がく

花（外側）
花びら5枚同じ

つぼみ（外側）
花びら3枚同じ

花（内側）
花びら5枚同じ

つぼみ（内側）
花びら3枚同じ

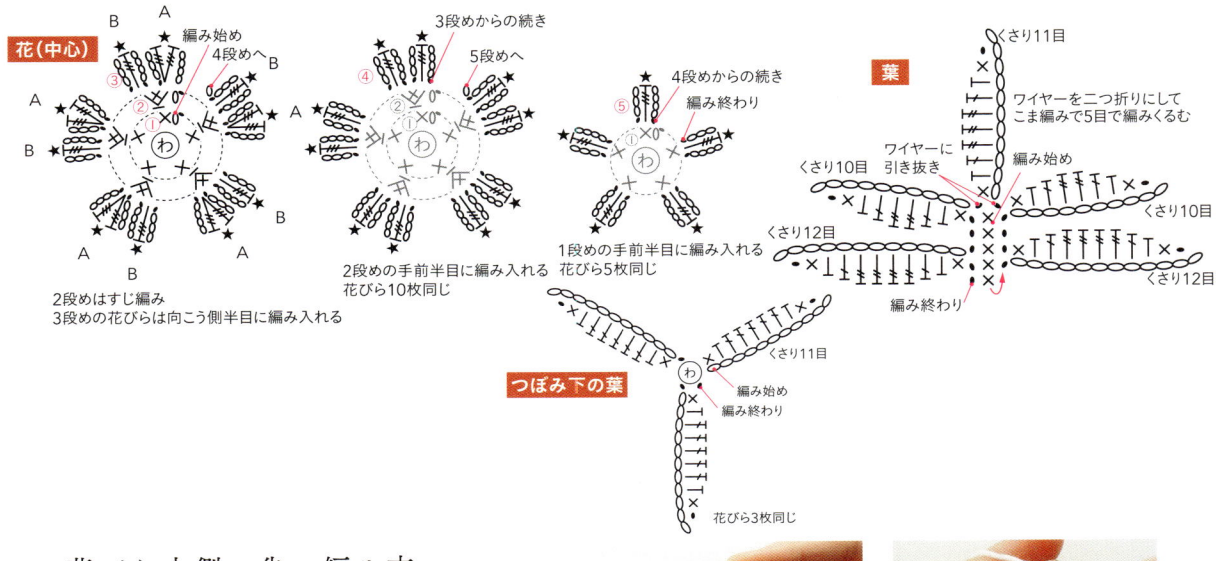

花（中心）

編み始め
4段めへ
③②①（わ）
A B A B A B A B

2段めはすじ編み
3段めの花びらは向こう側半目に編み入れる

3段めからの続き
5段めへ
④①（わ）

2段めの手前半目に編み入れる
花びら10枚同じ

4段めからの続き
編み終わり
⑤①（わ）

1段めの手前半目に編み入れる
花びら5枚同じ

葉

くさり11目
ワイヤーを二つ折りにして
こま編みで5目で編みくるむ
ワイヤーに
引き抜き
編み始め
くさり10目
くさり10目
くさり12目
編み終わり
くさり12目

つぼみ下の葉

くさり11目
編み始め
編み終わり
（わ）

花びら3枚同じ

花びら内側の先の編み方

① 5段めY字編みと★（P.42）のところまで編む。

② 3つ巻き長編みの巻き糸の、1つとばした2つめに針を入れて、糸をかけて引き抜く。

③ 長々編みをとなりの目に編み入れる。

④ くさりを2目編んだ後は、くさりの1目めの半目に針を入れ、引き抜く。

⑤ 3つ巻き長編みのY字編みをするため、前の長々編みの足元に針を入れる。

⑥ 3つ巻き長編みを編んだところ。その後、編み図通りに編む。花びらの外側も、先の目の拾い方は同様に、編み図にしたがって編む。

花の組み立て方

① 二つ折りにしたワイヤーを、花の中心パーツの真ん中と少し横に差し込む。糸は切る。

② 内側の花びらに通し、真ん中に接着剤をつけ接着させる。

③ 外側の花びらとがくも、同様に接着剤をつけながら接着させる。

④ 根元は接着剤をつけながら糸を巻きつける。つぼみも同様に組み立てる。

モンステラの編み方

▶ 夏の花かんむり

材料

レース糸（白／＃80）
地巻きワイヤー（白／＃35）

葉 ※P.67参照。

① ワイヤー（24cmカット）を二つ折りにしてこま編み
　で編みくるむ（大15目・小14目）。

② こま編みの向こう側半目に葉の片側を編み入れる。

③ 残した手前半目に葉のもう片側を編み入れる。

④ 着色、色止めし、硬化スプレーをかける。

色番号

| 葉 | 12、13、14 |

葉（大）

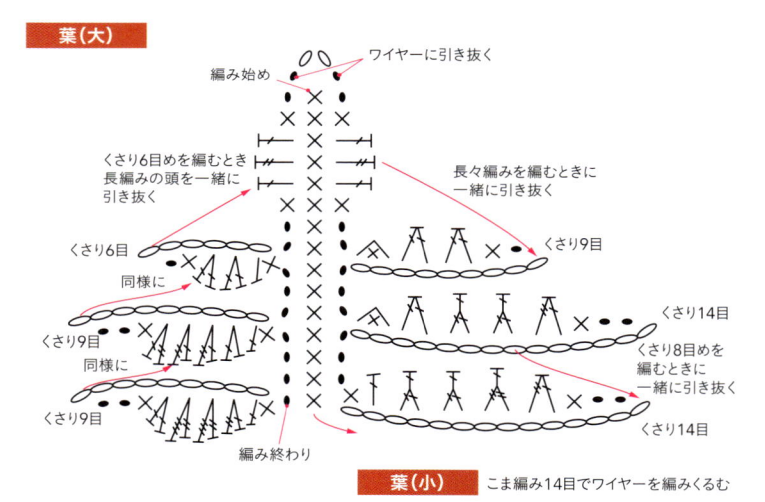

編み始め　　ワイヤーに引き抜く

くさり6目めを編むとき
長編みの頭を一緒に
引き抜く

長々編みを編むときに
一緒に引き抜く

くさり6目
同様に
くさり9目
同様に
くさり9目
編み終わり

くさり9目
くさり14目
くさり8目を
編むときに
一緒に引き抜く
くさり14目

葉（小） こま編み14目でワイヤーを編みくるむ

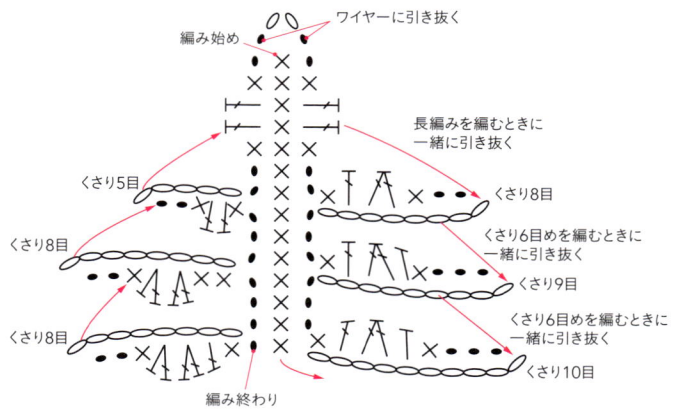

編み始め　　ワイヤーに引き抜く

長編みを編むときに
一緒に引き抜く

くさり5目
くさり8目
くさり8目
編み終わり

くさり8目
くさり6目めを編むときに
一緒に引き抜く
くさり9目
くさり6目めを編むときに
一緒に引き抜く
くさり10目

葉（大）の編み方

① 逆Y字編み（三つ巻き長編みの場合）を解説。まず、針に糸を3回かける。

② くさり半目に針を入れる。

③ 針に糸をかけて引き出すと、針に5本かかっている。

針に糸をかけて、2本引き抜く。

⑤ もう1回針に糸をかけて2本引き抜く。未完成の長編みができたところ。

⑥ 次に、針に2回糸をかける。

⑦ となりのくさり半目に針を入れる。

⑧ 針に糸をかけて引き出す。

⑨ 針に糸をかけて2本引き抜く。もう1つの未完成の長編みができたところ。

⑩ また、針に糸をかけて2本引き抜く。これをもう一度くり返す。未完成の長編みを2目引き抜いたところ。

⑪ 針に糸をかけて糸2本を引き抜いて逆Y字編みの完成。逆Y字編み（長々編みの場合）は、始めに針に2回糸をかけて編み始める。

⑫ 編み図にしたがって1枚めの葉を編む。

葉と葉のつなげ方

① 2枚めの葉を編み始め、くさりを7目を編む。

② くさりの8目めを編むとき、1枚めの葉の端の目に針を入れ、引き抜いてつなげる。

③ 全部で14目のくさりを編む。

④ 編み図にしたがって編む。

ブーゲンビリアの編み方

▶ 夏の花かんむり

材料

レース糸（白／#80）
地巻きワイヤー（白／#35）

花びら（苞）　※葉も同様。

① ワイヤー（12cmカット）をこま編みで編みくるむ。

② こま編みの向こう側半目に葉の片側を編み入れる。

③ 片側が編めたらワイヤーを折り返す（折り返す側を2cmほどにする）。

④ 残した半目にワイヤーを編みくるみながら、花びらのもう片側を編み入れる。短いほうのワイヤーを花びらのつけ根ギリギリで切る。

⑤ 着色、色止めし、硬化スプレーをかける。

花　※下記［花の作り方］参照。

① 糸を少量、色番号1に着色し、色止めしておく。

② ワイヤー（10cm）に糸を7〜8mmほど巻く。巻いた部分を丸く整えて小さな花を作る。

色番号

花（糸を巻いて作るパーツ）	1
花びら（苞）	4（濃いめ）
葉	13、14

※濃ピンクの花びらに見える部分は、本来は苞（葉が変化したもの）。花は小さい黄色の部分。

花びら（苞）
こま編み10目でワイヤーを編みくるむ
先端でワイヤーを折り返す

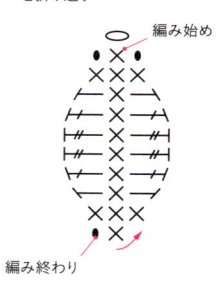

葉
こま編み15目でワイヤーを編みくるむ
先端でワイヤーを折り返す

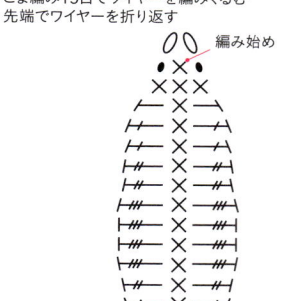

花の作り方

① ワイヤーの先に接着剤をつける。

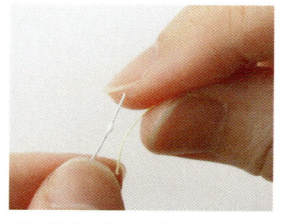

② 黄色に染めた糸を添える。

③ 7〜8mmほど糸を巻く。

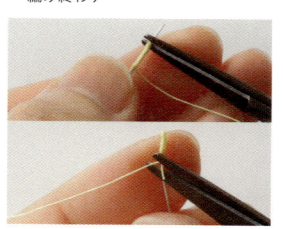

④ 余分なワイヤーを切る。糸も切る。

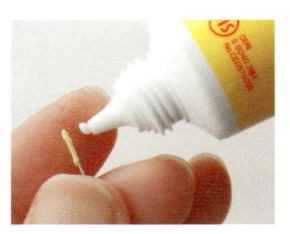
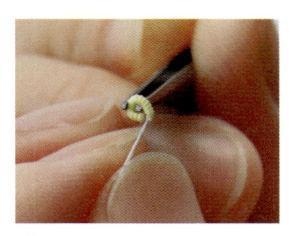

5 糸を巻いた部分に接着剤をつけなじませる。

6 ピンセットで丸くする。花のでき上がり。これを3本作る。

7 花びら3枚と合わせて根元に接着剤をつけながら糸を巻く。

8 でき上がり。

プルメリアの編み方

▶ 夏の花かんむり

材料

レース糸（白／#80）
地巻きワイヤー（白／#35）

花

1 花を編み、編み終わりの糸は中心から裏側に出す。

2 着色、色止めし、硬化スプレーをかける。

3 ワイヤー（24cmカット）を通し、接着剤をつけながら糸を巻いて茎を作る。

色番号

花	花A　1 花B　1、2、3、4（ランダムに染める）

花

花びら5枚同じ

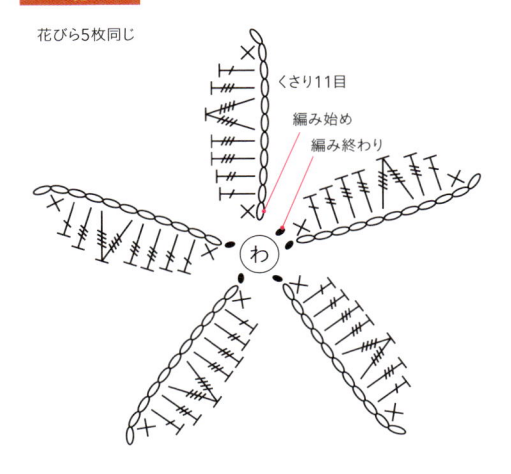

くさり11目
編み始め
編み終わり
わ

ブルーポピーの編み方

▶ 東欧の花かんむり

材料

レース糸（白／＃80）
地巻きワイヤー（白／＃35）
アクリル絵の具（黄、白）
ストロー、両面テープ、刺繍糸（DMC3348）

花

① 花を編み、編み終わりの糸は中心から裏側に出す。
※バック引き抜き編みの編み方は、[クリスマスローズ／葉] 参照。
→P.46

② 着色、色止めし、硬化スプレーをかける。

③ おしべ、めしべを作る（→P.71参照）。

つぼみ

① 花びらパーツを編み、着色、色止めする。

② 花びらの引き締めたわの部分にワイヤー（24cmカット）を通し二つ折りにする。

③ 花びらを二つにたたんで、硬化スプレーをかける。

④ 外側パーツ2つを編み、中表のまま縁を合わせて3mmほど縫い合わせる。

⑤ 外側を着色、色止め、丸みをつけた形にして硬化スプレーをかける。

⑥ 縫い合わせた部分の中央にワイヤーを通し、花びらパーツを外側パーツの中に入れて接着剤で接着する。

色番号

花、つぼみ花弁	10、11
つぼみ外側	13

つぼみ（外側）

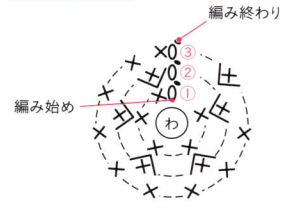

編み終わり
③
②
①
編み始め
わ

つぼみ（花びら）

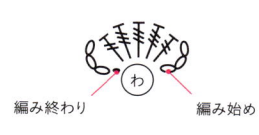

編み終わり　編み始め
わ

編み上がったら
わの部分にワイヤーを通し
二つ折りにする

2つ同じものを編んで
中表に3mmほど縫い
合わせる

花びらを二つに折りたたんで
[つぼみ外側]の中に入れる

花

1段め　こま編み8目

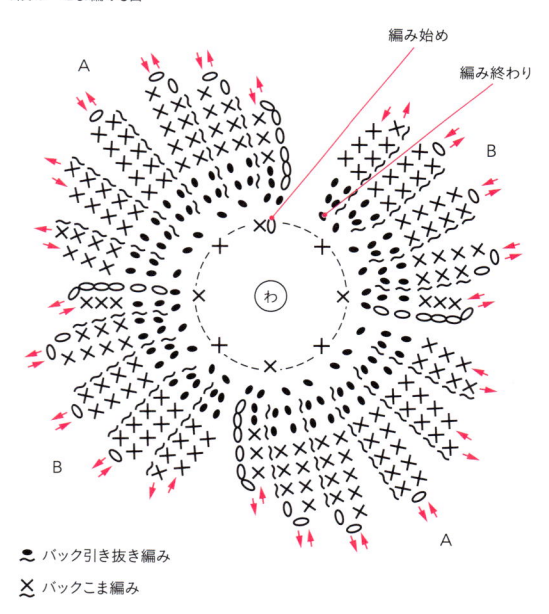

編み始め
編み終わり
A
B
B
A
わ

⌣ バック引き抜き編み
✕ バックこま編み

おしべ、めしべの作り方

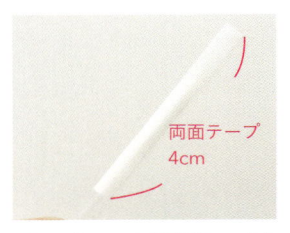

1 ストローに両面テープを 4cm貼る。

2 両面テープのところに糸を 巻きつける。

3 硬化スプレーをかける。

4 アクリル絵の具の白と黄色 を混ぜ、薄い黄色を作る。

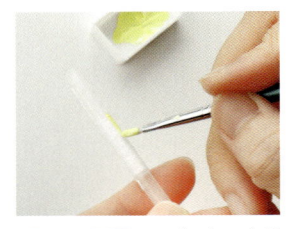

5 下に両面テープのない糸部 分の、両面テープの端から 2〜3mmのところに色を つける。

6 乾かす。

7 ワイヤーの真ん中に接着剤 をつけ、刺繍糸(DMC3348・ 1本取り)を巻きつける。

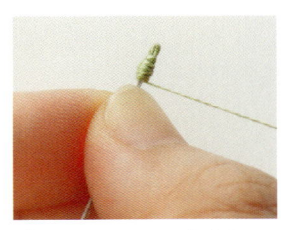

8 糸を巻きつけた部分を二つ に折り、接着剤をつけなが ら糸を巻きつける。少しふ くらみをつけ、糸を切る。

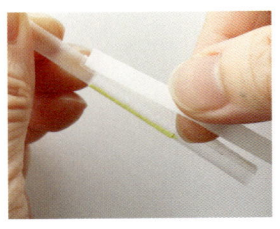

9 ストローの着色していない、 最初に両面テープを貼った 位置に重ねて両面テープを 貼る。

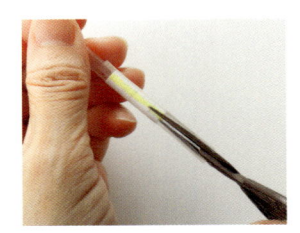

10 黄色に着色した部分の真ん 中をハサミで切る。

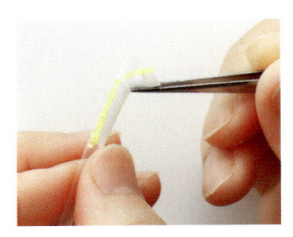

11 ストローからはがす。

12 黄色の部分を上にして持つ。 下半分が両面テープの部分。

13 8 に巻きつける。

14 2周巻いたら、ピンセット で整える。2周巻いて余る 部分はカットする。

15 花の真ん中に 14 のワイ ヤーを通し、接着剤をつけ る。

16 花と重ねて接着させる。

ザクロの編み方

▶ 秋の実りの花かんむり／東欧の花かんむり／
　ザクロのリースブローチ

材料

レース糸(白／#80)
地巻きワイヤー（白／#35）
丸小ビーズ(ルビー)　45個
綿　適宜

割れた実の外側　※P.73 **8** ～ **10** 参照。

1 同じものを2つ編む。

2 着色、色止めをする。

3 縫い合わせる。→P.73

4 丸く形を整えて硬化スプレーをかける。

割れた実の内側　※P.73 **1** ～ **7** 参照。

1 編み始める前にビーズを45個を糸に通しておく。こ
ま編み1目ごとにビーズ1個編み入れる。ビーズが裏
側にくるように編み込む→P.73。裏が外側のまま編
み上げる。

2 ワイヤー 24cmカットを二つ折りにして通す。

割れた実の組み立て　※P.73 **11** ～ **12** 参照。

1 内側パーツのワイヤーを、外側パーツの縫い合わせ
た部分に通す。

2 内側パーツを外側パーツの中に入れる。

閉じた実

1 閉じた実を編む。ワイヤー（24cmカット）を実の中
から通して外側に出す。
中に綿をピンセットで詰める。

2 着色、色止めし、硬化スプレーをかける。

花

編み図通りに編み、着色、色止めし、硬化スプレーをか
けた後、二つ折りにしたワイヤーを、真ん中と少し横に
通す。中心に花粉を接着剤でつける(花粉のつけ方は[野
ばら])参照。→P.63

閉じた実

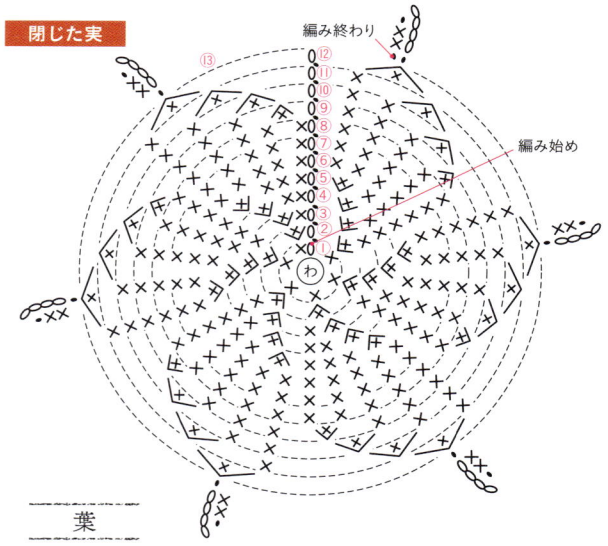

葉

1 ワイヤー（12cmカット）をこま編みで編みくるむ。

2 葉の片側をこま編みの向こう側半目に編み入れる。

3 先端でワイヤーを折り返し(折り返す側を2cmほどに
する)残した手前半目とワイヤーを編みくるみなが
ら葉のもう片側を編む。

4 着色、色止めし、硬化スプレーをかける。

色番号		
実	1、2、5、6、12 (5、6をメインにランダムに染める)	
花	3（濃いめ）	
葉	12、13、15	

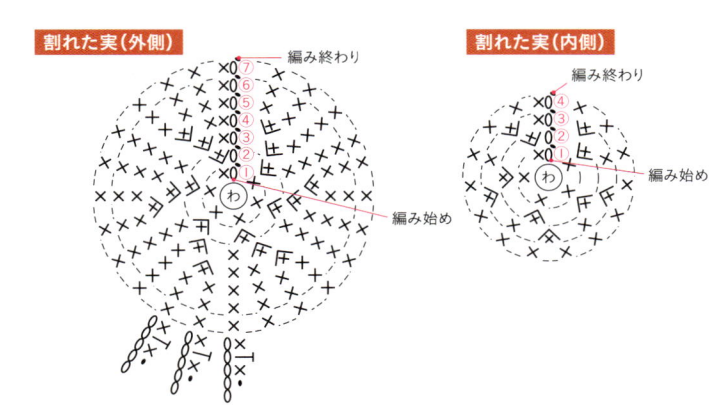

割れた実（外側）

編み終わり

編み始め

割れた実（内側）

編み終わり

編み始め

花
花

花びら6枚同じ　編み終わり

編み始め

同じものを2つ編み、縫い合わせる
中心から後ろ側を縫って前半分はあけておく

葉

ワイヤーをこま編み10目で編みくるむ

編み始め　　　　　　　　　先端でワイヤーを折り返す

0

編み終わり

割れた実の作り方

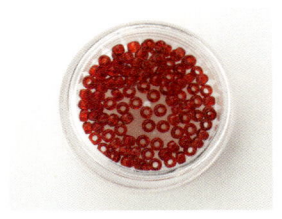

① 丸小ビーズを45個用意する。

② レース糸を針に通して、ビーズ45個を通す。

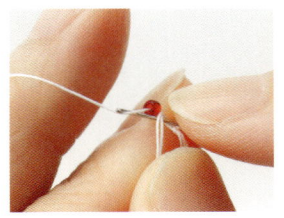

③ 割れた実（内側）の立ち上がりのくさりを1目編んだ後、ビーズを1個寄せ、わに針を入れてこま編みを編む。

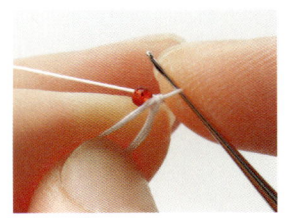

④ こま編み1目編めたところ。こま編みの裏側にビーズがくる。編み図にしたがってこま編み1目ごとにビーズ1個編み入れる。

⑤ 丸く編めたら、中の糸を赤く染める。

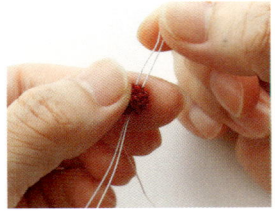

⑥ ワイヤーを二つ折りにして差し込む。

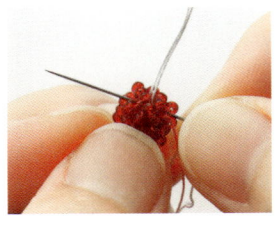

⑦ 残った糸は針に通し、実の中に何回か通して切る。

⑧ 割れた実の外側を2個編む。

⑨ 底部分を7mmほど縫い合わせる。

⑩ 形を整えて、硬化スプレーをかける。

⑪ 内側のパーツのワイヤーを縫い合わせ目に通す。

⑫ 接着剤をつけながら、根元に糸を巻きつける。

レンゲショウマの編み方

▶ ラリエット

材料

レース糸（白／#80）
地巻きワイヤー（白／#35）

花

① 花は同じものを3枚編む。編み終わりの糸は中心から裏に出す。

② 着色、色止めし、硬化スプレーをかける。

花の中心

① 中心パーツを編み、編み終わりの糸は中心から裏に出す。

② 着色、色止めし、硬化スプレーをかける。

③ ワイヤーを二つ折りにして通す。

組み立て

① 花の中心パーツのワイヤーを、花3枚に通して重ねて1つの花にする。花弁を少しずらすようして、間に接着剤をつけて接着する。

葉

① ワイヤー（12cmカット）をこま編みで編みくるむ。

② 葉の片側をこま編みの向こう側半目に編み入れる。
※バック引き抜き編みの編み方は［クリスマスローズ／葉］参照。→P.46

③ 先端でワイヤーを折り返し（折り返す側を2cmほどにする）残した手前半目とワイヤーを編みくるみながら葉のもう片側を編む。

④ 着色、色止めし、硬化スプレーをかける。

⑤ 同じものを3枚作る。1枚はワイヤーに糸を8mmほど巻く。あとの2枚は1mmほど巻く。3枚の巻き終わりを揃えて、合わせて巻いて3枚1組にする。

色番号

花	7
葉	12、13

花

くさり12目
花びら3枚同じ
編み始め
編み終わり
わ

同じものを3つ編んで重ねて1つの花に
一番上に花の中心パーツをつける

葉

ワイヤーを二つ折りにして
こま編み9目で編みくるむ
こま編みの向こう側半目に
葉の片側を編む
残した半目に
もう片側を編む

編み始め
ワイヤーに引き抜く
編み終わり

⌒ バック引き抜き編み

花（中心）

編み終わり
③
②
①
編み始め
わ

74

ヤマモモの編み方

▶ 秋の実りの花かんむり

材料

レース糸(白／#80)
地巻きワイヤー（白／#35）
綿　適宜

実

① 実を編み、中に綿を詰める。終わりの段の部分にワイヤーを二つ折りにして通す。

② 着色、色止めし、硬化スプレーをかける。

葉

① ワイヤー（12cmカット）をこま編みで編みくるむ。

② 葉の片側をこま編みの向こう側半目に編み入れる。

③ 先端でワイヤーを折り返し（折り返す側を2cmほどにする）残した手前半目にワイヤーを編みくるみながら葉のもう片側を編み入れる。

④ 着色、色止めし、硬化スプレーをかける。

色番号

実	2、5、6、7
葉	12、13、15

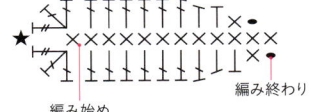

葉

先端で
ワイヤーを折り返す

★ 編み始め　　編み終わり

こま編み12目で
ワイヤーを編みくるむ

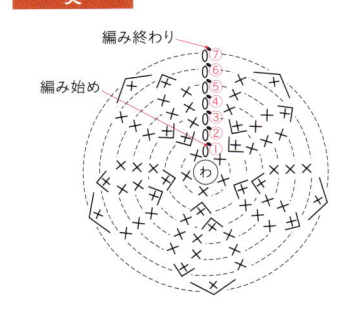

実

編み終わり

編み始め

わ

実の作り方

① 実を編んだら、ピンセットで編み始めの糸を詰める。

② ピンセットで綿を詰める。

③ 実を着色する。

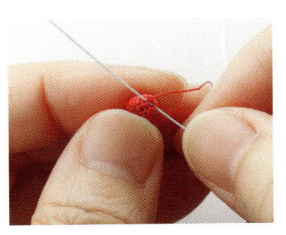

④ 編み終わりのところに、あらかじめ目打ちで穴をあけておき、ワイヤーを通す。根元に接着剤で糸を巻きつける。

ヤドリギの編み方

▶ 冬の花かんむり／ハーブのブローチ

材料

レース糸(白／#80)
地巻きワイヤー(白／#35)

葉

葉を編み、ワイヤーをつける。→下記[葉の作り方] 参照。
着色、色止めし、硬化スプレーをかける。

実

ライラックのつぼみの作り方を参考に、ワイヤーの先に
接着剤をつけて作る(色つけはしない)。→P.59参照

組み立て

① 葉のワイヤーに糸を1cmほど巻く。同じものを2つ作る。

② 1の巻き終わりを揃える。実を2、3個合わせて糸で1cmほど巻く。

色番号

葉	12、13、14

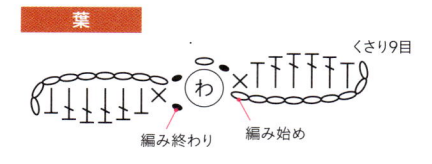

葉

くさり9目

編み終わり　編み始め

葉の作り方

① 葉を編む。

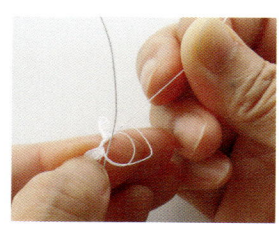

② わにワイヤーを通す。

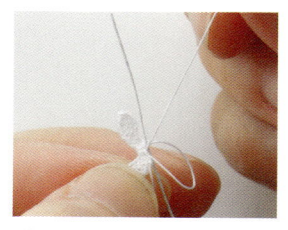

③ わを引き締める。

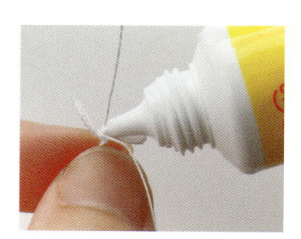

④ ワイヤーに接着剤をつける。

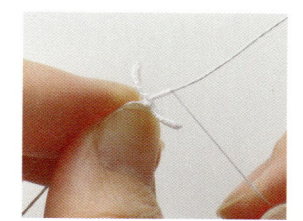

⑤ ワイヤーに3〜4mm糸を巻く。

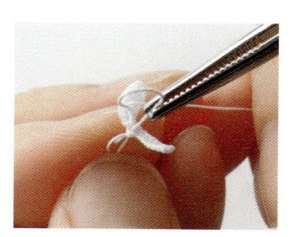

⑥ 巻いた部分を真ん中で折り、ワイヤーの先を同じ穴に入れる。

⑦ 糸を巻いた部分が丸く残るようにする。

⑧ 根元のワイヤーに接着剤をつけて糸を巻く。

アイビーの編み方

▶ 春の花のリースブローチ／ハーブのブローチ／
ラリエット

材料

レース糸（白／＃80）
地巻きワイヤー（白／＃35）

葉

1. 葉を編み、引き締めたわの部分にワイヤー（24cm
   カット）を通して二つ折りにする。

   ※バック引き抜き編みの編み方は［クリスマスローズ／葉］参照。
   →P.46

2. 着色、色止めし、硬化スプレーをかける。

色番号

| 葉 | 12、13、14 |

葉（大）

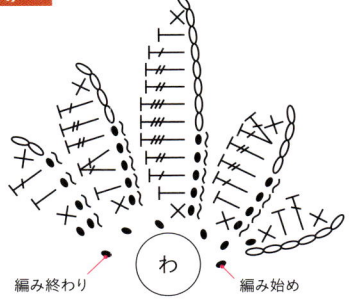

編み終わり　わ　編み始め

☜:バック引き抜き編み

葉（小）

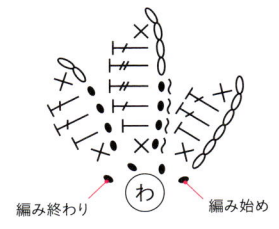

編み終わり　わ　編み始め

☜:バック引き抜き編み

レモンの編み方

▶ レモンのブローチ

材料

レース糸（白／＃80）
地巻きワイヤー（白／＃35）
綿、ガラスブリオン

実

1. 実を編み、ワイヤー（24cmカット）を二つ折りにして奥まで入れてから、綿を詰める。

2. 着色、色止めし、硬化スプレーをかける。

花   ※P.79参照。

1. 花を編み、水通しして形を整える。

2. ワイヤー（24cmカット）を二つ折りにして通す。根元に1cmほど糸を巻き、硬化スプレーをかける。

3. 花の中心に接着剤をつけて、ガラスブリオンを接着する。

葉

1. ワイヤー（12cmカット）をこま編みで編みくるむ。

2. 葉の片側をこま編みの向こう側半目に編み入れる。

3. 先端でワイヤーを折り返し（折り返す側を2cmほどにする）残した手前半目にワイヤーを編みくるみながら葉のもう片側を編み入れる。

4. 着色、色止めし、硬化スプレーをかける。

色番号

実	1を全体に、12をところどころに重ねる。
葉	12、13

花

花びら5枚同じ

編み始め
編み終わり

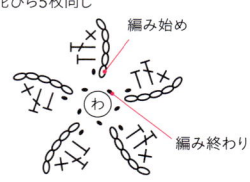

実（小）

編み終わり
編み始め

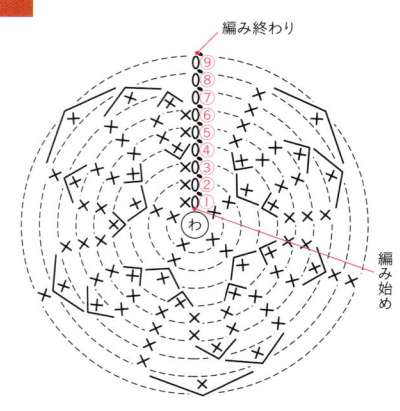

こま編み8目で
ワイヤーを編みくるむ

編み始め

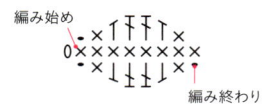

編み終わり

編み終わり

編み始め

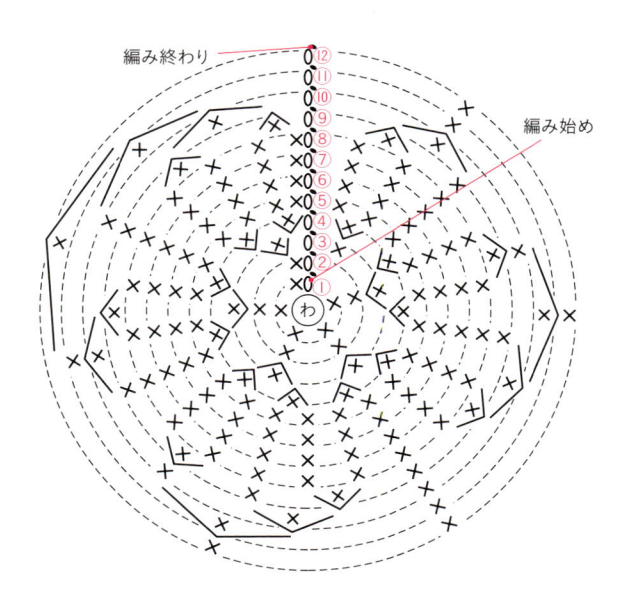

わ

葉(大)

こま編み11目で
ワイヤーを編みくるむ

編み始め

編み終わり

花の作り方

① レモンの花を編む。

② ワイヤーを二つ折りし、先を花の真ん中と少し横の穴に差し込む。

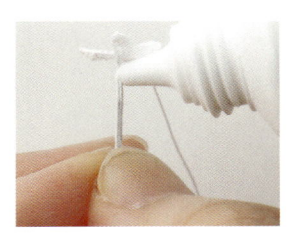

③ 花の根元のワイヤーに接着剤をつけ、糸を巻きつける。

④ 花に硬化スプレーをかける。

⑤ ケースの中にブリオンを入れ、マーカーで色をつける。

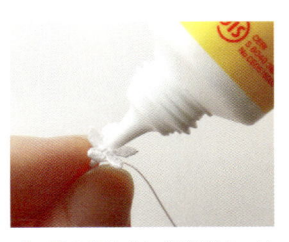

⑥ 花の真ん中に接着剤をつける。

⑦ ピンセットでブリオンを貼りつける。

⑧ ブリオンを5粒ほどつけてでき上がり。
※着色したブリオンをつけた後は、硬化スプレーはかけない（マーカーの色が落ちてしまうため）。

Lunarheavenly
中里華奈

レース編み作家。和裁をする母を見て育ち、子供の頃より手芸に親しむ。2009年にLunarheavenlyを立ち上げる。現在は個展、イベント出展、委託販売などで関東を中心に活動中。著書に『かぎ針で編むルナヘヴンリィの小さなお花のアクセサリー』『かぎ針編みと刺繍で描くルナヘヴンリィの小さなお花の動物たち』『かぎ針で編むルナヘヴンリィの小さな花と実のブーケ』（すべて小社刊）がある。

X　　　　　　@Lunar_h
Instagram　　lunarheavenly
blog　　　　　https://lunaheavenly8.jugem.jp/

撮影　　　　　　安井真喜子
ブックデザイン　瀬戸冬実
スタイリング　　鈴木亜希子
編み図　　　　　ウエイド
編集　　　　　　望月久美子、大野雅代
校正　　　　　　西進社

撮影協力
piika
〒166-0002
東京都杉並区高円寺北2-39-16
フラワーハイツ中田1F
https://www.piika39.com

UTUWA
TEL　03-6447-0070

材料協力
ディー・エム・シー株式会社
〒101-0035　東京都千代田区神田紺屋町13番地 山東ビル7F
TEL　03-5296-7831
https://www.dmc.com

オリムパス製絲株式会社
〒461-0018　愛知県名古屋市東区主税町4-92
TEL　052-931-6679
https://www.olympus-thread.com

かぎ針で編む ルナヘヴンリィの小さな花かんむりとリースのアクセサリー

2024年11月20日　初版印刷
2024年11月30日　初版発行

著者　　　　Lunarheavenly　中里華奈
発行者　　　小野寺優
発行所　　　株式会社河出書房新社
　　　　　　〒162-8544　東京都新宿区東五軒町2-13
　　　　　　電話　03-3404-1201（営業）
　　　　　　　　　03-3404-8611（編集）
　　　　　　https://www.kawade.co.jp/
印刷・製本　TOPPANクロレ株式会社

Printed in Japan
ISBN978-4-309-29441-4